웰다잉 인생식당

선원필 지음

박영story

머리말

"아프리카에서는 매일 아침 가젤이 잠에서 깬다.
가젤은 가장 빠른 사자보다 더 빨리 달리지 않으면 죽는다는 사실을 알고 있다.
그래서 그는 자신의 온 힘을 다해 달린다.
아프리카에서는 매일 아침 사자가 잠에서 깬다.
사자는 가젤을 앞지르지 못하면 굶어죽는다는 사실을 알고 있다.
그래서 그는 자신의 온 힘을 다해 달린다.
네가 사자이건, 가젤이건 마찬가지다.
해가 떠오르면 달려야 한다."

이 책은 인생의 마지막을 인생요리메뉴라는 은유적 이야기로 시작하지만 끝을 말하는 것은 아니다. 오히려 현재의 삶을 더 깊이 천착하게 하는 지혜로 이끄는 것을 목표로 한다. 누구나 살아온 삶만큼의 경험과 깊이와 지혜가 있지만 현대인의 바쁜 삶은 그것을 반추하는 시간을 허락하지 않는다. 마치 아프리카 초원의 동물처럼 바쁘게 뛰어야만 생존할 수 있는 세상에서 멈춤이란 것은 곧 실패와 퇴행을 의미하기 때문이다. 그래서 우리는 어디론가 열심히 달린다. 그러나 문득 이런 생각이 든다. "왜 달리고 있지?", "어디로 달리고 있지?" 왜 달리는지 어디로 달리는지도 모른 채 아프리카의 동물처럼 무작정 달리고 있는지도 모른다. 매일 아침 우리는 어디론가 열심히 달려간다. 성공을 위해, 야망을 위해, 생존을 위해. 온 세상은 미쳐서 날뛰지만 정작 어디로 가는지는 그 누구도 정확히 알지 못한다. 그러나 모두들 말한다. 빨리빨리 "Go faster!"

세상은 우리에게 준비할 시간을 주지 않는다. 평온함과 쉬기 위한 비움을…. 그러나 신은 우리의 삶에 중간점검이 필요할 시기를 선물해 준다. 너무 늦지 않는 시기에 그 소리에 귀 기울이면 제2의 인생, 즉 뉴 라이프가 시작되는 것이다. 그러므로 이 책을 읽거나 워크숍에 참여하는 것은 우연한 일이 아님을 믿는다. 자신의 내면의 소리를 듣고 그것을 소중히 하는 사람에게 이 작업은 새로운 삶으로 가는 통로로 안내해 줄 것이다.

이 작업은 인생요리실습과 인생식당의 3대 반찬, 즉 칭찬일기, 거짓말관찰일기, 라이프투어 등으로 구성되어 있다. 워크숍으로 함께 작업할 때는 치유적인 방법들이 함께 병행된다. 예를 들면 예술치료, 음악, 영상, 사진, 콜라주 등 다양한 매체들이 작업 전반에 걸쳐 자원을 제공할 것이다.

죽음을 너무 사변적이지도, 지극히 현실적이지도 않게, 반대로 말하면 때론 이상적이고 때론 아주 구체적인 방식으로 주제를 다룰 것이다. 그리하여 격변했던 삶을 진정시키고 미래를 지향하고 과거를 성찰하며 현재의 정서를 통합하여 다시 일상의 세계로 복귀하게 될 것이다. 이때의 일상은 그 이전과는 분명히 다를 것이다. 그때가 뉴라이프이다.

새로운 삶에 관한 전설 같은 솔개의 이야기가 전해진다. '우화경영'이라는 책에서 등장한 이후 많은 분들이 이 이야기를 사용하여 변화와 개혁의 필요성에 대한 글도 썼고 강의도 했다. 그 이야기는 다음과 같다.

"솔개는 가장 장수하는 조류로 알려져 있다. 솔개는 최고 약 80살의 수명을 누릴 수 있는데 이렇게 장수하려면 약 40살이 되었을 때 매우 고통스럽고 중요한 결심을 해야만 한다. 솔개는 약 40살이 되면 발톱이 노화하여 그다지 효과적인 방법으로 사냥감을 잡아챌 수 없게 된다. 부리도 길게 자라 구부러져 가슴에 닿을 정도가 되고, 깃털은 짙고 두껍게 변해 날개가 매우 무겁게 되어 하늘로 날아오르기가 나날이 힘들게 된다. 이즈음이 되면 솔개에게는 두 가지 선택이 있을 뿐이다. 그대로 죽을 날을 기다리든가 아니면 약 반년에 걸친 매우 고통스런 재기의 탄생 과정을 수행하는 것이다.

제2의 탄생 길을 선택한 솔개는 먼저 산 정상 부근으로 높이 날아올라 그곳에 둥지를 짓고 머물며 고통스런 수행을 시작한다. 먼저 부리로 바위를 쪼아 부리가 깨지고 빠지게 만든다. 그러면 서서히 새로운 부리가 돋아나는 것이다. 그런 후 새로 돋은 부리로 발톱을 하나하나 뽑아낸다. 그리고 새 발톱이 돋아나면 이번에는 날개의 깃털을 하나하나 뽑아낸다. 이리하여 약 반년이 지나 새 깃털이 돋아난 솔개는 완전히 새로운 모습으로 변신하게 된다. 그리고 다시 힘차게 하늘로 날아올라 40년의 수명을 더 누리게 되는 것이다."

신화 같은 이야기지만 그 진위 여부를 떠나서 분명히 새로운 인생을 위한 용기와 결단을 이야기 하고 있다.

작업을 하는 데 있어서 개인적인 차이와 효용의 다름은 있겠지만 다음과 같은 것들이 모둠 또는 개인작업을 하는 데 도움이 될 것이다.

첫째, Awareness / 개인과 모둠 관계형성

신체적, 정서적, 정신적으로 나를 인식하고, 감각인식과 프로그램의 공간, 모둠에 익숙해지는 시간을 가질 것이다. 참여자 간에 신뢰 관계형성으로 인생식당 프로그램에 참여할 수 있는 준비를 할 것이며, 개인은 조용하고 독립된 공간에서 진행하면 된다.

둘째, Spontaneity / 자발성

삶의 치유인자는 창조성이다. 창조성은 그 자체로 존재하지 않는다. 즉흥성과 자발성을 거쳐 창조성에 도달하게 된다. 우리는 그동안 익숙한 상황에서 늘 해왔던 반응양식이 아닌 새로운 반응양식을 배우게 될 것이며, 죽음이라는 낯설고 새로운 상황에서는 두렵거나 회피하는 반응이 아닌 그것에 부대끼고 감내하여 적절한 반응을 찾게될 것이다.

셋째, Method / 주제를 다양한 방식과 매체로 표현해보기

창작활동은 무의식세계라고 할 수 있는 심리세계에 유배되어 있는 마음의 갈등과 좌절감을 갖게 한 요소들을 표현함으로써 해방감과 고통의 경감을 가능하게끔 한다. 우리는 제시된 다양한 주제를 창조적으로 표출할 것이다. 이 작업들을 통해서 자신의 욕구와 꿈을 알아가고 표현하면서 서로 지지하고 나눔을 갖게 될 것이다.

넷째, Be true to yourself / 자기에게 진실하기

우리 자신에게 진실해지는 단계이다. 우리는 우리 자신에게 진실하기 위해 다음을 실행할 것이다. 첫 번째, 어느 누구의 이야기도 듣지 않기(Never listen to anybody). 그들이 나에게 무엇이 되라고 하건 항상 나는 내가 되고 싶은 내면의 소리에 귀를 기울일 것이다. 두 번째, 절대로 가면을 쓰지 않기(Never wear a mask). 화가 나면 화를 낼 것이다. 거짓된 웃음을 몰아낼 것이다. 세 번째, 현재에 머물기(Hear & Now). 언제나 현재에 머물면 그것이 바로 진정한 삶이 된다.

다섯째, Autobiographical Performance / 자전적 공연

서로의 삶의 이야기 안에서 개인이 만드는 작업을 나누고 공감하며 지지하는 시간을 갖도록 한다. 그 결과물로 자서전을 갖게 될 것이다.

이 책은 호스피스 관계자, 임종을 맞이하는 사람들의 지인 및 가족, 임종관련학과의 실천적 교재로서의 효용성은 물론이거니와 일반 독자에게는 여태까지 살아왔던 자신의 삶을 한번 정리하는 기회가 되며 아울러 제2의 삶의 방향성을 알려주는 나침반이 될 것이다. 마지막으로 이 책이 나올수 있게 지원해주신 박영스토리의 노현 대표님과 편집자 김민조 님께 감사를 드린다. 그리고 함께 연구하고 실행하며 현장을 누볐던 한국공연예술치료협회 연구원들과 언제나 그렇듯이 퇴근 후 밤 늦게까지 교정을 봐준 옆지기 아내에게 감사를 드린다.

2023년 5월 봄날
한국공연예술치료협회

프롤로그

1. 웰다잉을 위한 인생식당 서약서

나   은(는)
「웰다잉을 위한 인생식당 12주 프로그램」을 진행함에 있어
실질적이며 성공적인
교육완주를 공고히 하기 위해
다음과 같은 서약서를 읽고 동의합니다.

- 나는 미래의 희망에 현재를 유보하지 않는다.
- 나는 삶에 대한 한계를 정하지 않는다.
- 나에게 일어나는 모든 일에는 더 깊은 삶의 의미가 있음을 받아들인다.
- 나에게 어떠한 의미로든 친절을 베푼다.
- 나의 삶이 내게 무엇을 선물하든 기꺼이 받아들인다.
- 우리는 죽지 않는다. 단지 더 큰 자연의 일부가 될 뿐이다.
  (이하 개인 또는 모둠의 선언문을 작성한다)
-
-
-

20 년   월   일

인생식당 교육과정   인생식당 교육과정 협력자
참여자   (서명)   (서명)
                                                    (서명)
                                                    (서명)
                                                    (서명)
                                                    (서명)

ㄹ. 인생식당 3대 반찬

1) 칭찬일기

사는 동안 우리는 자신 스스로에게 얼마나 칭찬을 하고 있는가? 타인을 칭찬하고 인정하는 만큼 나에게 칭찬을 하고 인정할 수 있다면 우리 삶의 질은 보다 더 윤택해질 것이다.

3달 가까이 칭찬일기를 써온 연구원들의 경우 초반에는 자신을 이해하고 인정하고 있지 않은 상태로 표면적인 칭찬으로 시작했다. 이들은 매일매일 과제를 습관적으로 "한 발 다가선 것에 대해 용기를 칭찬합니다.", "오늘도 잘 버텨낸 것을 칭찬합니다." 등의 형식으로 짧게 시작하였다. 일주일이 지나자 타인들과의 관계에서 발생한 불편한 상황을 구체적으로 터놓기 시작하였다. 그 상황에서 자신이 스스로에게 칭찬일기에 표현한 세밀한 부분을 바라보기 시작하였다. 한 달이 지난 후 자연스레 스스로에게 글이 아닌 말로서의 칭찬도 가능하게 되었으며 이로 인하여 자신에 대한 이해는 물론 타인에 대한 이해도 또한 높아졌다. 더욱 두드러진 부분은 더 이상 타인의 칭찬이나 관심, 혹은 인정이 필요 없게 되기 시작했다.

타인에게 인정받기 위해 노력했다면 이제 스스로를 만족하기 위한 삶이 시작된 것이다. 두 달이 지나자 칭찬일기의 효력에 대해 감탄하기 시작했으며 두 달 후 자신의 칭찬일기를 모두 꺼내어 읽어보았을 땐 자존감과 자신에 대한 인식 또한 바뀌었음을 인지하였다.

칭찬일기는 아침에 눈을 뜨자마자 시작하는 것을 규칙으로 하되 한 줄이라도, 하루도 빠지지 않는다. 너무 바빴을 경우 이후 시간을 이용해도 된다. 일기를 쓰기 시작하면 6주가 될 때까지 다시 일기를 읽어보지 않는다. 일기를 쓰는 방식은 노트를 준비해도 좋고 모바일의 메모 기능이나 앱을 이용해도 좋다.

'나'를 찾기 위하여 '나의 삶'을 만끽하기 위하여 이 작업은 절대적으로 진행해야 하며 나에게 양분을 주기 시작하는 여러분에게 감사하다. -참여자1

'용기 있는 자여, 자신을 위해 한 발을 내딛은 것을 축하한다. 이제부터 자신으로 살라.' -참여자2

2) 거짓말 관찰일기

거짓말을 하지 않고 사는 사람이 있을까? 악의든 선의든 거짓말이 삶의 많은 부분을 일상처럼 차지하고 있다. 거짓말이란 사실이 아닌 것을 사실처럼 꾸며서 말하는 것을 말한다. 왜 우리는 거짓말을 하게 되는 것일까?

몇 가지 예를 들어보자.

"화나지 않았어.": 화났어?라는 여친의 질문에 대한 남친의 반응
"일단 한번 먹어봐 요강 깨질 정도로 소변이 강해져.": 정력제를 파는 약장수의 레퍼토리
"그런 건 대학가면 다 할 수 있어.": 고등학생 자녀에게 하는 부모님의 말씀
"아무 관계 아냐.": 바람을 직감한 아내의 추궁에 대응하는 남편의 말
"아닙니다!": 힘든가?라는 직장상사의 질문에 대한 직원의 대답
"모르겠어요.": 신호위반 했느냐는 교통경찰의 말에 운전자의 반사적 부인

"방금 출발했어요.": 주문한 음식이 언제 배달되냐고 따지는 손님에게 대답하는 음식점 주인의 소리

"교과서에 충실했어요.": 수능 전국 수석의 비법을 묻는 인터뷰에 대답하는 학생의 한마디

"들리는 소문에 걔 완전 바람둥이래.": 훈남에게 호감을 가진 여성에게 남자가 하는 소리

"8시다! 일어나서 밥 먹자!": 일어나고 보면 7시 30분, 밥은 준비되어있지 않음

"마지막으로 한 마디만 더 하겠습니다.": 학교 교장 선생님

"성격이 좀 이상해 보이는데.": 예쁜 여인에게 눈이 가 있는 남친에게 하는 말

"나 많이 안 먹는데.": 살찌는 이유가 자기의 식탐이 아니라는 사람의 이야기

이렇듯 설득, 회유, 억압, 질투, 부정, 이간질, 변명, 열등감, 두려움, 평화, 자기보호, 타인성장, 관계회복, 사랑, 의리, 행복 등 수없이 많은 이유로 사람들은 거짓말을 하고 산다. 사실 거짓말이 사라진다면 이 세상은 도저히 살 수 없는 곳으로 변해 있을지도 모른다. 그래서 사실 이상할 것은 없다. 그러나 한 가지 간과해서 안 될 것은 자신을 속이고 있다는 사실조차 모를 수 있다는 점이다. 자기 감정에 솔직하지 않는 것이 지속되어 습관이 되어 버릴 때는 타인의 노예가 되거나 자기감정을 기만하는 형식으로 진정한 자신과는 거리가 멀어진다.

원래 거짓말 관찰일기는 생각관찰일기에 기원을 둔다. 우리는 생각과 자신을 너무 동일시한 나머지 생각을 알아차리지 못하는 경우가 많다. 말을 하면서도 자신이 무슨 말을 하고 있는지 모르는 경우

가 있을 것이다. 어떤 행동을 하면서도 왜 하는지 모르는 경우도 있다. 무엇인가를 알고자 한다면 우선 잘 살펴보고 관찰하여야 한다. 그러나 평소의 생각을 관찰한다는 것은 매우 어려운 일이기에 평소 자기의 의사와 반하여 거짓을 이야기해야 했던 경험을 떠올린다. 어떤 이유에서건 거짓말을 하게 된 상황을 떠올려보고 상대방이 누구인지, 언제였는지, 어떤 상황이었는지, 상대는 무슨 이야기를 했는지, 나는 어떤 이야기를 했는지를 사실적으로 적어보자. 그리고 내가 한 거짓말 이면의 밑 마음은 무엇이었는지를 살펴보는 것이다. 이렇게 하면 자신의 감정을 명료화할 수 있고 자신에게 좀 더 친절하게 된다. 처음에는 스스로도 인지할 수 있는 아주 분명하고 확실한 상황으로 시작한다. 그리고 점점 모호하고 아리송한 상황을 떠올리고 그 밑면의 내면의 소리에 귀를 기울여 보자. 특히 사랑하는 사람과 관계된 일이라면 불편함이 첫 손님으로 당신을 찾아올 것이다. 마주하고 싶지 않을지도 모른다.

거짓말 관찰일기가 지속되면 시원할 수도 있고 불편할 수도 있으며 부끄러울 수도 있다. 그러나 이 작업은 누구에게도 보여지지 않는 비밀 일기이다. 한 가지는 분명해진다. 적어도 자신의 핵심감정과 무엇을 하고 있는지는 명확히 알게 된다. 다른 사람은 속여도 자신은 속일 수 없다고 한다. 그러나 가끔은 자신도 스스로를 속인다. 에고가 자신을 속이는 방법은 너무나 교묘해서 스스로도 알아차리기가 힘들 정도이다. 에고라는 어려운 단어가 나왔다. 거짓말 관찰일기의 핵심개념이기 때문에 에고가 무엇인지 알아보자.

사람은 다른 사람에게서 여러 가지를 원한다. 사랑, 의존, 돈, 권력감, 우월감, 육체적 만족감 등의 욕구를 얻기 위해 역할을 연기한다. 그런데 대체로 사람들은 자신이 그런 연기를 한다는 사실을 잘 알아차리지 못한다. 왜냐하면 그들은 역할 그 자체가 되어 버리기에 역할 속에 있는 자신을 알 수가 없다. 에고란 여기서 역할연기를 말한다. 특히 자신이 알아차리지 못하는 인식영역 밖의 역할연기이다. 영화로 예를 들면 좀 더 이해가 쉬울 것이다. 영화 식스센스를 보면 브루스 윌리스가 죽은 귀신으로 나오는데 자신이 귀신이라는 사실을 모른 채 살아간다. 이런류의 영화는 의외로 많다. 한국 영화 '신과 함께'에서 주인공 차태현은 소방관으로 화재현장에서 추락사하는데 저승사자가 나타나서 알려주기 전까지 자신이 죽었다는 사실을 모른다. 사망한 자신의 신체를 목도한 후에야 오열한다. 영화 사랑과 영혼에서 패트릭스웨이지도 같은 현상을 겪는다.

이 작업을 할 때는 인격이라는 얼굴을 벗어야 된다. 나 혼자만의 공간에서 무슨 고상한 인격을 찾아 피곤해할 필요가 있을까?라고 하겠지만 혼자 있어도 자기검열기능이 작동해서 더 깊은 이야기로 가는 것을 방해할 것이다. 그러나 그것을 벗어 던져야 한다. 본질은 당신의 인격이 사라질 때에만 나타나는 것이기에 그것이 고통스러워도 그렇게 해야 한다. 그것을 통해 다시 태어날 것이기 때문이다. 고통 없이는 어떤 거듭남도 없다. 진실로 다시 태어나고자 한다면 위험을 감수해야 한다.

거짓말 관찰일기는 자신에게 솔직해지게 되는 가장 심플하면서도 강력한 도구이다. 모든 것이 아주 깔끔하고 클리어하게 될 것이다. 적어도 자신에게는 말이다. 이 작업을 통해서 타인에게 대하던 자신의 행동을 바꾸라는 것은 아니다. 그것은 2차적인 문제이다. 그리고 섣불리 그리하여서도 안 된다. 나의 패턴과 습관과 에고를 먼저 알아차리는 것이 이 작업의 목표이다.

3) 죽음과 관련된 곳 방문하기 "라이프 투어(Life tour)"

'인생식당' 작업을 진행하면서 '상조·장례 문화 박람회'를 찾은 적이 있다. 다양한 박람회 소식을 접했지만 죽음과 관련된 박람회가 있다는 것이 놀라웠다. 박람회는 상조회사는 물론이고 서울 근교의 추모관을 비롯하여 납골묘, 수목장 분양 등을 홍보하는 사람들로 붐볐다. 추모관들은 '명당, 안전, 서비스' 그리고 유명 연예인들이 안치된 곳임을 강조하며 홍보에 열을 올렸다. 나이 지긋한 어르신들은 마치 집을 보듯 꼼꼼히 물어보며 안내책자를 받아 가셨다. 이렇게 많은 사람들이 이미 죽음을 준비하고 있다는 것이 놀라웠다.

그 밖에도 죽음을 대면할 수 있는 장소는 여럿 있을 것이다. 가끔 들려오는 장례소식에 장례식장으로 조문을 가야할 경우도 있을 것이며, 봉사활동이나 가족을 위해 호스피스 병동이나 요양병원을 찾는 경우도 있다.

우리는 예고 없이 죽음을 맞이하며 죽음을 엿볼 수 있는 장소 또한 예고 없이 찾게 된다. 앞으로 우리는 12주간의 여정을 통해 능동적으로 죽음을 맞이할 것이다. 그러기 위해서는 "죽음"을 보고, 듣고, 느낄 수 있는 곳을 스스로 찾는 연습, 즉 '라이프 투어(Life tour)'가 필요하다.

하지만, 모두가 '상조 박람회'를 찾을 필요는 없다. 죽음과 관련된 영화를 보거나 그림을 보러 미술관에 갈 수도 있고, 죽음을 상기시켜줄 그 어떤 것을 홀로 방 안에서 대면할 수도 있다.

외국여행을 나갔다면 도심 근처의 공동묘지를 돌아보는 것도 좋을 것이고, 일본을 찾았다면 소설의 유명세로 인해 실제로 자살자들이 많이 찾는다는 '아오키가하라(주카이숲)'를 찾는 것도 색다른 경험이 될 것이다.

귀신이 너무 싫고 죽어서 귀신은 절대로 되고 싶지 않다면 놀이동산의 '유령의 집'도 라이프 투어 코스가 될 수 있다. 누군가는 죽음을 생각하면 바다가 떠오른다고 한다. 하지만, 바다를 갈 수 없으니 대신에 아쿠아리움을 찾는다. 그에게 아쿠아리움은 바다 생물을 보는 것을 넘어 '죽음'을 떠올리게 해주는 장소가 된다.

나는 개인적으로 라이프투어를 하면 꼭 가고 싶은 곳이 두 곳 있다. 하나는 나를 키워주신 할머니의 묘지와 먼저 세상을 떠난 친구가 잠든 곳이다. 그리 먼 곳이 아닌데도 불구하고, '언젠가 가야지' 생각만 하며 몇 년이 흘렀다. 살기에 바쁘다는 핑계를 대면서 말이다. 몇 가지 장소를 더 들어보자.

상조박람회
영화관
아쿠아리움
묘지
유령의집
장례식장
호스피스 병동
미술관
응급실
교회

성당

절

추모관

현충원

왕릉

고향집

옥상

과학실

박물관

바다

산림욕

온천

놀이공원

공항

세월호(목포 신항)

산

라이프투어는 매주 한 번씩 프로그램이 진행되는 동안 총 12회 이루어진다. 라이프투어를 통해 느낀 점을 동료들과 나눌 수 있으며, 원치 않는다면 말하지 않을 수 있다. 단, 자발적으로 라이프투어를 하는 것은 매우 중요하다. 프로그램을 통해 우리는 죽음과 새로운 삶에 대한 청사진을 그려 나갈 것이다. 하지만 기억하라. 우리의 두 발은 땅을 밟고 있다는 것을. 라이프 투어는 우리의 이상과 현실을 이어주는 든든한 연결고리가 되어 줄 것이다.

인생식당메뉴
(12weeks Plan)

메뉴 01
나의 마지막, 그리고 일기

'더 큰 자연의 일부'를 통하여 나의 마지막을 바라보고,
차분한 마음으로 일기를 적어 내려가는 시간

메뉴 01
나의 마지막, 그리고 일기

우리는 학교에서 '죽음'에 대해 배우지 않았다. 하지만, 삶에서 죽음보다 더 중요하게 배워야 할 것이 얼마나 있을까, 우리는 중요하지만 아무도 말해주지 않았고 스스로도 눈 감고 보지 않으려 했던 그 미지의 세계를 탐험하기 위해 이곳에 서 있다.

나는 초등학교 시절 할아버지의 장례를 통해 처음으로 '죽음'을 목격할 수 있었다. 노름을 좋아하셨던 할아버지는 노름빚으로 가산을 거의 탕진하셨고 오랜 흡연으로 인해 폐암 선고를 받은 지 얼마 되지 않아 돌아가셨다. 그 당시에는 고인이 살아생전에 머물렀던 곳을 들러가는 장례 절차가 있었다. 시골집을 한 바퀴 돌던 관은 할아버지가 자주 머물렀던 마을 회관으로 갔다.

그곳에는 많은 동네 어르신들이 삼삼오오 몰려 앉아 화투놀이를 하고 계셨는데, 그중 단 한명도 할아버지의 죽음에 눈물을 흘리거나 관심을 보이는 사람은 없었다. 나는 어린 마음에 할아버지처럼 생을 마감하고 싶지 않다는 생각을 했었다. 평생을 몸담은 곳에서 작별의 인사는커녕 눈길조차 받지 못하는 삶이 과연 어떤 의미가 있을까라는 의문마저 들었다.

인생요리실습1: 죽음 Ⅰ

죽음 Ⅰ
내가 기억하는 첫 번째 '죽음'은?

그 죽음이 내게 주는 의미는?

내가 성인이 되어 겪은 가까운 사람의 죽음은 친한 친구의 자살이었다. 말수가 적고, 내성적이고 수줍음이 많지만 아주 똑똑했던 친구. 수의학과를 나와 수의장교로 늦게 군에 입대했는데, 훈련소를 마치고 첫 100일 휴가를 나온 뒤 얼마 지나지 않아 부대 숙소에서 스스로 목을 맸다.

그의 장례가 치러지는 동안 군부대 병원에서 참 많은 생각을 했던 것 같다. 무엇이 그 친구를 죽음으로 내몰았을까. 그 당시 공부를 위해 지인들과의 연락을 끊고 지내던 중에 일어난 사고였기에 내가 받은 심리적 충격 또한 상당했다. 마치 내가 그를 버렸기에 그가 세상을 등진 것 같았다.

가장 가까운 사람의 '죽음'은 자신의 삶을 되돌아보는 계기가 된다. 나와 삶을 함께 나눈 동반자였기에 그의 죽음은 마치 내 삶이 사라져버린 듯한 공허함과 슬픔을 동반한다.

인생요리실습2: 죽음 II

죽음 II

가장 최근에 내 가까운 사람의 '죽음'은?

그 죽음이 내게 주는 의미는?

할아버지와 친구의 죽음을 통해 나는 오히려 '죽음'보다 삶에 더 많은 궁금증이 생겼다. 죽음은 피할 수 없는 것이다. 그렇다면 그 죽음이 오기 전까지 나는 어떤 삶을 살아야 할까를 고민하기 시작한 것이다.

최근 건강한 삶을 영위하는 웰빙(Well-Being)의 관심이 높아지고 있다. 정신적·육체적 조화를 통하여 삶의 질을 높이는 것을 뜻하는 웰빙(Well-Being)의 상대적 개념인 웰다잉(Well-Dying)은 2000년대 중반에 등장하였으며, 일반적으로는 웰다잉을 웰빙의 범주에 포함시키기도 한다. 특히 노년기에는 죽음의 질이 확보된 상태인 웰다잉이 웰빙의 주요 구성요소가 된다.

(두산백과 두피디아)

행복한 삶을 추구하는 웰빙의 의미가 '품격 높은 삶'을 지향하는 데 있다면, 웰다잉은 '품격 높은 죽음'이다. 행복한 삶의 의미가 인간으로서 누려야 할 행복한 생활을 말하는 것이라면, 거기엔 마땅히 행복한 죽음도 포함되어야 할 것이다. 결국 웰빙이란 삶에만 한정된 문제가 아니라, '아름다운 죽음', 즉 웰다잉의 통합적 성격을 논하고자 하는 것이 목적이다. 사람들은 누구나 죽으며, 언제든지 죽을 수 있는 존재이면서도 죽음을 등한시하기 때문에 죽음에 관해 잘 알지도 못하면서도 알려고 하지도 않는다. 또한 사람들은 죽음을 좋아하지도 않으며 심지어는 자살하는 사람마저도 죽음을 친근하게 생각하지 않는다. 그러나 이들 모두가 죽음을 두려워한다는 것은 사실이다.

(신성호, 2017)

두렵지 않은 척할 수는 없습니다. 그럼에도 나를 지배하는 심정은 고마움에 가깝습니다. 나는 사랑했고 사랑받았습니다. 많이 받았고 얼마간은 되돌려 주었습니다.

(올리브 색스, 2015)

죽음을 연구하는 학자들도 결국 웰빙(Well-being)이 되기 위해서는 웰다잉(Well-Dying)을 준비해야 한다는 것을 강조하고 있다. 워크시트를 통해 자신이 생각하는 삶과 죽음을 적어보는 시간을 가져보자.

인생요리실습3: 죽음 Ⅲ

죽음 Ⅲ

내가 생각하는 웰빙(Well-being)은?

내가 생각하는 웰다잉(Well-Dying)은?

이 프로그램을 준비하면서 가장 힘들었던 점은 유서를 쓰는 것이었다. 책을 읽고, 글 쓰는 것을 좋아하면서도 유독 유서 쓰기를 앞에 두고는 펜에 손이 가질 않았다. 그만큼 죽음을 대면하는 것이 두려웠고, 삶에 애착이 많기 때문일 것이다.

내 가장 친한 친구들… ○○이를 떠나보낼 때 우리 함께 했으니, 내가 떠날 때도 다 같이 왔겠지? 그 녀석 보내던 날 '여기 모인 녀석들 다 보내고 내가 맨 마지막으로 가야겠다.'라고 다짐했었는데, 어쩌다 보니 내가 두 번째로 떠난다. 그래도 뚱뚱이가 기다리고 있을 테니 외롭지 않을 것 같아. 우리 둘이 잘 놀고 있을 테니까, 너네는 천천히 와라. 그래서 나중에 만나면 그동안 있었던 이야기 좀 들려줘. 너희들이 덕분에 내 삶이 풍요로웠던 것 같다. 정말 고마워. 사는 동안 표현 못 해 미안하고, 우리 다음에 또 보자.

나는 아버지와 어머니를 비롯해 가장 가까운 관계에 있는 사람들에게 그동안 하지 못했던 말을 전하는 것으로 유서를 작성했다. 관계를 중시하는 사람들인 경우 연인이나 가족, 가까운 친구에게 하고 싶은 말을 전하는 식으로 유서를 작성하는 특징을 보인다. 반면에 유쾌하고, 시원한 마음으로 삶을 마무리 짓는 유서도 있다.

나 ○○○은 내가 하고 싶은 거 하겠다고 이리저리 뛰어다니며 행복하게 즐기다 갑니다. '무엇이 되고 싶으냐?'는 질문에 '배우'라고 당당하게 말하던 소녀가 어느덧 무럭무럭 자라 사회의 맛을 보며 사람들의 관심이 필요하다는 걸 알았고, 내가 받았던 그 무수한 사랑을 베푸는 방법으로 연극심리치료사의 길을 선택하며 사랑을 주고받다가 떠납니다. 내가 떠난다고 슬퍼하지 않았으면 좋겠습니다. 살면서 후회해본 적도 없고 즐겁게 행복하게 즐기다 가는 거니까요.

이렇게 읽어 보니 유서만큼 자신의 개성이 잘 나타나는 장르도 없는 것 같다. 끝으로 삶의 신비와 오묘함을 담은 유서를 한 편 소개하도록 하겠다.

긴 세월 동안 살아있는 시간은 불과 몇 년 안 되었다. 머리로 깨달은 것은 허상이었다. 오랜 세월을 넘기고서야 의식이 몸에 스며들어 발현되었다. 그 이후로의 시간은 내가 산 것이 아니라 삶 그 자체가 되었다. 우주의 지성으로 돌아간다. 현상을 취하고 나타났던 일시적인 현상은 형상 없음의 세계로 돌아간다. 삶, 생명, 공간, 의식, 지성 이것이 하나였음을 이제 알고 있다.

마치 한 편의 '명상서'를 읽는 기분이다. 이 밖에도 다양한 종류의 유서가 있을 것이다. 사람에 따라 혹은 닥친 상황에 따라 유서의 내용과 형식은 얼마든지 달라질 수 있다. 이제 자신의 삶을 떠나보내는 마음으로 유서를 작성하도록 하겠다. 죽음은 소리 없이 우리를 찾아온다. 어쩌면 유서를 쓰는 이 시간이 우리에게 두 번 다시 올 수 없는 기회일 수 있음을 상기해보자.

우리는 삶에 집착하기에 죽음을 겁낸다. 아직 경험하지 못한 어떤 것을 얻어내야 한다고 생각하기 때문에 죽음을 겁낸다. 많은 사람들이 죽음이 자신에게서 뭔가를 앗아가리라고 느낀다. 현명한 사람은 죽음이 끊임없이 뭔가를 주고 있음을 안다. 죽음은 당신의 삶에 의미를 주고 있다. 삶을 아무렇게나 버리고 있는 것은 당신이다. 당신은 삶의 매 순간을 낭비하고 있다. 자동차를 타고 이리저리 바쁘게 다니지만, 아무것에도 눈길을 주지 않는다. 당신은 거기에 존재하지도 않는다. 그저 다음에는 무엇을 해야 할지를 생각하느라 바쁘다. 당신은 한 달, 아니 심지어는 한 해를 앞질러 가고 있다. 당신은 삶을 살고 있는 게 아니라 마음을 살고 있다. 그러니 삶을 앗아가는 것은 당신이지 죽음이 아니다. 사실 죽음은 이 순간에 주의를 기울이게 함으로써 삶을 되찾도록 도와준다.

죽기 전에 많은 시간이 필요한 것이 아니다.
필요한 것은 주어진 시간 동안 더 깊은 경험을 하는 것이다.
죽음은 때가 되면 당신에게서 삶을 돌려받으러 오는 자다.

        — 마이클 싱어 '상처받지 않는 영혼'

인생요리실습4: 유서

유서

메뉴 02
내 인생의 봄, 여름, 가을, 겨울, 그리고

내 인생의 봄, 여름, 가을, 겨울을 되짚어보고 제2의 봄을 꿈꿔본다.

하늘에서 쓰는 편지를 적어보는 시간

메뉴 02
내 인생의 봄, 여름, 가을, 겨울, 그리고

내 인생의 봄, 여름, 가을 그리고 겨울은 언제였을까. 시기로 따진다면 태어났을 때, 학교 다닐 때, 군 복역 중일 때, 그리고 취업난에 흔들리고 있을 때, 혹은 사랑하는 사람과의 이별, 부모님께 첫 용돈을 드릴 때….

내가 언제 가장 힘들었던가를 떠올리면 절레절레 고개부터 저어지는 이들이 있을 것이다. 도대체 무엇이 그렇게 당신을 힘들게 했었는지, 그 기억을 더듬어본다. 언제 어디서 누가 무엇을 어떻게 힘들게 하였는가, 당신을 괴롭히는 악마는 어떠한 형상을 하고 있는가, 그 기억을 외면하는 것은 자연스러운 방어기제이며 당신 자신을 보호하기 위한 신체의 수단이다. 악마가 내 기억에서 나를 바라본다고 생각

하자. 그냥 보고 있다는 것을 인지하고 시원하게 욕을 해도 좋고 '네가 보더라도 나는 너한테 관심주지 않아.'라고 말을 해도 좋다. 여태 외면했던 시간은 뒤로하고 오늘만큼은 힘들지 않는 선에서 생각해 보자.

이제 가장 행복했던 순간을 떠올려보자. 제주도에서 우연히 만난 선배에게 "선배는 가장 행복했던 순간이 언제예요?"라고 물었을 때 순간 얼굴에 피어나는 미소와 평안함을 느낄 수 있었다. 그는 행복했던 기억의 순간에 가 있는 것이다. "내가 가장 행복했을 때는" 하고 입을 떼며 파노라마처럼 흘러가는 순간을 짚어내고 있었고, 그 순간부터 치유는 시작되고 있었다.

삶이라는 학교가
실수를 통하여 나를 가르쳐 주고
감사하게 배웠더니
오늘의 성장이 될 수 있었다.

— 박찬보 '내 인생의 봄여름가을겨울'

가벼운 인생요리실습으로 우리의 인생을 그래프로 그려보자. 단순하게 지표만으로 나의 연령대별로 혹은 기억에 남는 순간을 점을 찍어서 선으로 이어 그려보자. 그때의 내게 큰 이슈가 있었는가? 다시 돌아간다면 나는 어떻게 하고 싶은가?

인생요리실습5: 그래프로 보는 나의 인생

내 인생의 그래프

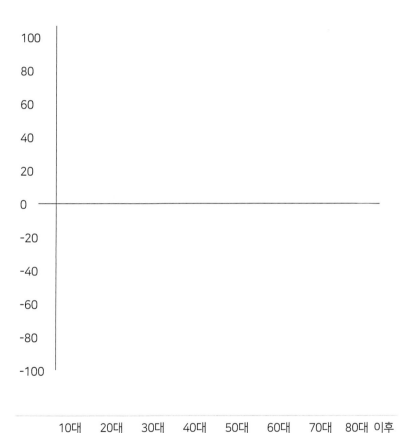

세로: 행복지수
가로: 연령대

과거의 특별했던 기억이나 아픔, 기쁨, 행복 등이 스쳐 지나가는 순간을 경험해 보았다. 그렇다면 이제 앨범을 꺼내보자. 내 인생의 봄, 여름, 가을, 겨울은 어떠했는지 사진을 통하여 느껴보자. 이제부터 사진치유작업이 시작되는 것이다. 내가 느끼는 봄과 기분, 사진으로부터 나오는 에너지를 느껴보며 잠시 추억에 젖어도 좋다. 나와 타인이 느끼는 봄은 작은 차이로부터 큰 차이까지 다양하게 표현될 수 있으므로 내가 느끼는 봄에 대한 키워드를 적어두는 것도 좋다.

나에게 봄은 따스하고 설레며 무엇이든 시작하는 느낌을 가져다 준다. 1살 때 나의 사진을 보며 어머니가 해주신 말씀을 떠올려본다. "7개월 때까지는 엄마가 없으면 소리소리 지르며 울고불고 떼쓰던 아기가 1년이 되니 뭐가 그렇게 좋은지 벙글벙글 웃고 다녔단다. 걸음이 좀 빨라서 돌 때는 뛰어다니기까지 했는데, 뛰어다니면서 어찌나 웃는지 사람들이 하회탈 같다고 이야기했단다." 그 얘기를 듣고는 내가 사랑을 듬뿍 받고 있던 시절이며, '이때부터 내가 웃음이 많았을까'라는 생각이 들었다. 그리고 그때의 사진을 보는데 정말 하회탈이 웃고 있는 게 아닌가, 티끌 하나 없는 미소로 웃고 있는 느낌이 들었다.

나에게 여름은 뜨거운 빨간색이 떠오른다. 내 선생님은 파란 바다가 떠오른다고 하셨으니 사람들마다 같은 계절을 얼마나 다르게 느끼고 있는지 짐작이 간다. 내 여름은 빨갛고 열정적이고 뜨겁고 눈물이 날 정도의 아련한 추억의 계절이다. 키워드나 표현할 단어가 생각나지 않는다면 내 인생의 계절을 색으로 표현해보자.

밤을 걷지 그리운 일을 적지
좋아서 걷는 거고 불안해서 적는 거지
사실은 잘 모르지 어떻게 살아갈지
적당한 어른이고 아프면 작아지겠지
감았던 눈을 뜨면 남은 건 초록이겠지

내 목에 줄 세 개
내가 살아온
그때에 느낀 색깔
두고두고 담아왔던 생각
위로 풀었지 빈틈도 없이 가득
파란 빨간 초록 물감으로

— 문문 '물감'

한 장 한 장 앨범을 넘겨가며 살아왔던 발자취를 느껴보고 내 인생의 봄, 여름, 가을, 겨울을 되뇌어본다. 나의 삶, 내 주변의 사람들, 특별하거나 기억하고 싶던 이슈들을 하나하나 곱씹어보고 나의 계절에 대한 느낌을 생각하자. 누구도 신경 쓸 필요 없다. 여기 지금, 오로지 당신의 사진 작업일 뿐이다.

작업이 끝난 후 나의 사진에 대해 질문을 던져보자.

- 내 인생의 여름을 어떻게 꾸미고 싶은가?
- 내 인생의 가을을 색칠한다면 어떤 색으로 칠하고 싶은가?
- 내 인생의 겨울로 다시 돌아간다면 어떻게 하고 싶은가?
- 내 인생에 다시 봄이 온다면 어떤 모습이길 바라는가?

**인생요리실습6: 인생의 사계절 사진을 찾아 붙이고 느낌이나 키워
드를 적어본다.**

내 인생의 봄	봄을 설명해본다

내 인생의 여름	여름을 설명해본다

내 인생의 가을	가을을 설명해본다

내 인생의 겨울	겨울을 설명해본다

우리는 인생의 봄, 여름, 가을, 겨울을 바라보았다. 이런 내가 하늘에 갔을 때 하늘에서 주변인들에게 뭐라고 하고 싶은가? 어떤 삶을 이야기하고 싶은가? 하늘에서 바라본 주변인들에게 자신의 삶에 대하여 혹은 그들의 삶에 대하여 하고 싶은 이야기가 있다면 지금 [하늘에서 쓰는 편지]를 적어보자. 아들, 딸, 어머니, 아버지, 동생, 누나, 형 혹은 강아지에게 쓸 수도 있다. 고요한 시간을 가지고 하늘에서 그들에게 편지를 써보자.

인생요리실습7: 하늘에서 쓰는 편지

남겨진 사람들을 생각해보며 써보자.
원망도 좋고 이해도 좋다. "내 너 이럴 줄 알았지!"라며
상상력을 동원해봐도 좋다. 쓰고 싶은 대상 모두에게 써보자.
누구에게 보여주는 것이 아니라 내 스스로를 치유하는 순간이다.

메뉴 03
내 삶의 나침반

버킷리스트 및 문장완성을 적으며 나의 삶에 대해 생각해보는 시간

메뉴 03
내 삶의 나침반

우리 사회에 버킷리스트란 단어가 쓰이기 시작한 것은 꽤 오래된 일이다. 버킷리스트(Bucket list)란 사형수가 목이 매달리기 전 발을 지지하고 있는 나무통(Bucket)에서 유래된 용어로 '죽기 전에 꼭 하고 픈 일'을 지칭하며, 영화 '버킷리스트(죽기 전에 꼭 하고 싶은 것들, 2008)'가 유명세를 타면서 널리 사용되기 시작했다.

영화는 암에 걸려 시한부 선고를 받은 두 주인공이 한 병실을 쓰게 되면서 자신들에게 남은 시간 동안 하고 싶은 일에 대한 리스트를 만들고, 병실을 뛰쳐나가 이를 하나씩 실행하는 이야기를 담고 있다. '우리가 인생에서 가장 많이 후회하는 것은 살면서 한 일들이 아니라, 하지 않은 일들'이라는 영화 속 메시지처럼 버킷리스트는 후회하지 않는 삶을 살다 가려는 목적으로 작성하는 리스트라 할 수 있다.

"천국에 들어가려면
두 가지 질문에 답해야 한다더군.

하나는 인생에서 기쁨을 찾았는가?

다른 하나는 당신의 인생이 다른 사람들을
기쁘게 해주었는가?라네."

— 영화 '버킷리스트'

영화 버킷리스트는 지금 이 순간 당신이 원하는 삶을 살고 있는가에 대해 유머와 감동을 통해 우리에게 묻고 있다. 버킷리스트 열풍은 블로그나 SNS를 통해 확산되었고, 서로 자신의 버킷리스트를 달성하는 모습 등을 올리면서 자기 삶을 되돌아보는 계기를 만들어 주었다.

최근에는 개인뿐 아니라 함께 모여 버킷리스트를 실행하는 그룹도 만들어졌다. 인터넷 커뮤니티 '플라이어스(FLYERS)'는 버킷리스트를 현실로 만드는 곳이라는 슬로건을 바탕으로 주로 20~30대 직장인들이 활동하며, 각자의 버킷리스트를 함께 공유하고 버킷을 실현하는 플랫폼이다. 이렇듯 버킷리스트는 후회 없는 삶을 위한 필수 요소가 되었고, 젊은 세대를 중심으로 개인 혹은 여러 사람이 함께 모여 활발히 진행 중이다.

내 최초의 버킷리스트는 중학교 2학년 때 작성되었다. 그때는 '버킷리스트'라는 단어도 모르던 시절이었으니, 언젠가 하고 싶은 '꿈'이라고 말해도 좋을 것 같다. 그 당시 일반인과 연예인들의 소개팅을 주선하는 프로그램이 유행하던 때가 있었다. 내가 즐겨 보던 프로에서는 식사를 하고, 영화를 보는 데이트 코스를 지나면 꼭 놀이동산에 들러 함께 무서운 놀이기구를 타는 장면을 연출했다.

개인적으로 놀이기구 타는 것을 즐겨하지 않지만, 연인과 함께라면 잊지 못할 추억이 될 것 같다는 생각을 했었다. 그 이후 언젠가는 꼭 연인과 놀이동산을 가리라 마음먹었지만 10년이 지난 지금도 그 꿈을 이루지 못했다.

1. 사랑하는 사람과 놀이공원 데이트
2. 사랑하는 사람과 부산 여행
3. 랜드로버 차를 타고 국내 여행하기
4. 해외 여행(혼자 & 연인과 같이)
   - 일본, 캐나다, 유럽, 미국 등
5. 작가 되기(책 출판)
6. 모교 방문 강연해보기
7. 코엑스에서 강연하기
8. 세계적인 전문가로 활동하기
9. 외국과 프로젝트 진행하기
10. 배운 것 세계 여러 나라에 전파하기

— 내 버킷리스트

버킷리스트를 작성하다 보면 몇 가지 항목으로 분류되는 것을 알수 있는데 크게 「여행, 취미, 자기계발, 함께하기」 등이다. 그리고 버킷리스트는 구체적이거나 자신만의 언어로 표현할 때 성취 가능성이 높은데, 예를 들면 이렇다.

1. 북극 온천에서 밤하늘의 오로라를
2. 아프리카 탄자니아에서 킬리만자로의 표범을
3. 쿠바에서 헤밍웨이의 흔적을
4. 아르헨티나에서 탱고를

3주차에는 자신만의 버킷리스트를 적어보고 사는 동안 잊고 지냈던 혹은 꼭 해보고 싶었던 일들을 되짚어 보는 시간을 갖도록 하자.

인생요리실습8: 버킷리스트 Ⅰ

버킷리스트 Ⅰ	
여행	
취미/문화	

자기계발	
소비/저축/기부	
가족/친구	
기타	

인생요리실습9: 버킷리스트 II

버킷리스트 II

가장 하고 싶은 것	필요한 것/중요도	달성기한	실제 달성일
ex) 배낭 메고 세계 일주하기	여행경비, 시간/☆☆☆	20 년 월	20 년 월
1.			
2.			
3.			
4.			
5.			

인생요리실습10: 버킷리스트 III

버킷리스트 III
(지금 당장 시작할 수 있는 것)

첫 번째 실천행동	ex) 목적지 정하기
효과적인 실천과제 1	비행기편 알아보기
효과적인 실천과제 2	
효과적인 실천과제 3	
중간 목표	ex) 일정 잡기
효과적인 실천과제 4	숙소 알아보기
효과적인 실천과제 5	
효과적인 실천과제 6	
최종 목표	ex) 예약하기

인생요리실습11 : 문장완성검사

각 문장을 읽으면서 맨 먼저 떠오르는 생각을 기록하여 문장이 완성되도록 해주십시오. 시간제한은 없으나 가능한 빨리해 주십시오. 만약 문장을 완성할 수 없으면 표시를 해두었다가 나중에 완성하도록 하십시오.

1. 나는 (   ) 되길 원했다

2. 나는 (   ) 이다

3. 나는 (   ) 을 살았다

4. 나는 (   ) 이 내 인생의 전부
   라고 생각했다

5. 내게 부모는 (   ) 이다

6. 내게 가족은 (   ) 이다

7. 내게 친구는 (   ) 이다

8. 내가 가장 존경하는 사람은 (   ) 이다

9. 내 생각에 사람들은 (   ) 이다

10. 내게 직업(일)은 (   ) 이다

11. 내게 사회적 의무는 (   ) 이다

12. 내게 돈은 (   ) 이다

13. 새로운 직업을 선택할 수 있다면?

14. 죽어서도 간직하고픈 기억은?

15. 내 생각에 인생이란?

16. 내 인생에서 가장 중요한 것은?

메뉴 04
행복을 찾는 여행

가고 싶은 곳, 가야 할 곳, 묻힐 곳을 찾아간다.
현재 내가 어떠한 핑계로 가지 못하는 장소를 가보는 여행

메뉴 04
행복을 찾는 여행

　죽을 때 후회하는 스물다섯 가지라는 책으로 유명한 1,000명의 죽음을 지켜본 호스피스 전문의 오츠 슈이치가 여행에 대해 정리한 것이 있다. 이 책은 환자들과의 이야기와 죽음을 토대로 만들어진 '죽을 때 후회하는 스물다섯 가지' 목록을 담고 있다. 여행이라는 주제는 열한 번째 목차로 자리매김하고 있다. 그것은 바로 '가고 싶은 곳으로 여행을 떠났더라면'이다. 죽을 때 후회하는 스물다섯 가지의 목록은 살아있을 때 해야 할 스물다섯 가지의 목록이자, 삶에 있어서 가장 중요한 가치와 의미를 담고 있다.

　죽음을 앞두고 떠나는 여행은 어디가 될까? 무엇이 될까? 무엇을 남길까? 그 주제를 담고 있는 몇 가지 사례를 소개한다. 소개된 사례 중 '노킹온헤븐스도어'를 제외한 모든 것은 실화이다. 사람이 아닌 강아지를 주제로 한 버킷리스트 여행도 포함되어 있다.

엔딩노트(Ending Note, 2011)

스나다 도모아키는 은
퇴 직후 시한부 선고를
받은 60대 후반 남자다.
위암 말기로, 암세포가
다른 장기에까지 퍼진 상
태라 손써볼 도리가 없
다. 죽음을 일생일대의
프로젝트로 받아들인 도모아키는 세례명 받기, 가족들과 여행하기,
손녀들과 힘껏 놀아주기, 여당이 아닌 야당에 투표하기, 장례식 예행
연습하기 등 이제껏 외면했던 일들을 하나씩 차례대로 실행에 옮긴
다. 가족과의 여행 목적이 '전복 스테이크'를 맛보기 위한 것으로 소
소한 여정이 시작된다. 살아있는 사람에게 여행이란 거창한 것이 아
닌 일상의 삶이라는 것을 말해주는 듯하다.

엔딩 노트는 거창한 버킷리스트가 아니다. 눈물로 쓴 병상일지는
더더욱 아니다. 정작 죽음을 기다리는 당사자는 갑작스러운 죽음을
부정하거나 불공평한 죽음에 분노하지 않는다. 가족들이 몇 년은 더
살 수 있을지도 모른다 희망을 불어넣을 때, 도모아키는 그럴 리 없
다고 잘라 말한다. 비탄 끝에 도모아키가 어쩔 수 없이 체념을 선택
한 것이 아니다. 얼마나 더 잘 살 수 있을까보다 어떻게 해야 더 잘
죽을 수 있을까를 도모아키는 이미 깨달은 상태다.

사례2

린 배첩(Leanne Bachop's Journey, 린의 페이스북, 2016)

뉴질랜드에 살고 있는 린 배첩은 희귀암인 신경뇌분 비종양을 판정받았다. 자신의 암투병 과정을 SNS 등에 소개하면서 암투병을 싸움이 아니라 여행으로 받아들이는 독특한 시각으로 많은 이들에게 감동을 주었다.

그녀는 오랜 치료에도 병세가 호전되지 않자 남편과 함께 죽기 전 꼭 가보고 싶었던 곳을 떠나는 버킷리스트 여행을 떠나게 되었다. 연명 치료를 포기하고 자유를 선택한 것이다. 세계 각지에 흩어져 있던 친척들을 만나고 뉴욕과 런던 등 함께 가보고 싶었던 관광지도 둘러보았다. 삶의 마지막 여행을 마치고 돌아온 뒤 그녀는 가족들이 지켜보는 가운데 조용히 세상을 떠났다. 이에 그녀의 남편 셰리는 "인간이 그 정도의 절망에 어떤 식으로 대처할 수 있는지 곁에서 지켜볼 수 있었던 건 큰 영광이자 특권으로 생각한다."며 "그는 내가 만났던 사람 중에서 가장 용감한 사람이었다."고 회고했다. 세상과 아름답게 이별한 그녀의 용기에 사람들은 그녀의 페이스북에 많은 글을 남기고 있다.

시한부 강아지의 마지막 여행

(https://www.instagram.com/pohthedogsbigadventure/,

강아지 포의 인스타그램, 2017)

함께 사는 반려동물이 앞으로 2주밖에 살 수 없게 된다면 무엇을 해주고 싶은가? 지금으로부터 17년 전, 미국 뉴욕 주에 사는 토마스 로드리게스는 1999년 반려견 포와 처음 만났다. 보호소에서 처음 본 포는 덩치가 매우 작았다. 그렇게 포는 로드리게스의 보살핌 속에 건강하게 자랐다. 하지만 지난해 포는 노화로 인해 종양 2개가 복부에 발견됐고, 상태가 심각해 앞으로 2주밖에 살 수 없다는 시한부 선고를 받게 되었다. 이 소식을 들은 로드리게스는 깊은 슬픔에 빠졌고 그 후 연인 유코와 함께 포를 위한 버킷리스트를 작성하면서 여행을 떠나기로 결심했다. 포는 건강했을 때 밖에서 노는 걸 좋아했다고 한다.

그렇게 로드리게스와 유코, 포는 함께 북미지역 35개 도시를 돌아다니는 여행을 떠났다. 2주간 함께 떠난 거리는 무려 6,400킬로미터! 여행 중 포는 매우 편안한 모습이었다. 밖을 나설 땐 휠체어를 타거나 로드리게스가 안아주어 신체부담이 적었다. 그 후 포는 1년간 로드리게스와 함께 살다가 2월 12일 세상을 떠났다.

2주라는 시한부 선고를 받았던 포는 여행 중 행복을 찾고, 기분이 좋아져 더 오래 함께할 수 있었다. 게다가 여행 이후 로드리게스와 유코는 결혼했는데, 포는 그 모습을 볼 수 있었다. 얼마나 행복했을까? 사진 속 포의 모습은 너무나도 행복해 보였다. 세상을 떠난 포도, 17년간 함께 산 로드리게스도 평생 잊지 못할 소중한 추억이 될 것이다.

사례4

노킹 온 헤븐스 도어(Knocking' On Heaven's Door, 1997)

"바다를 한 번도 못 봤어?"
"응… 단 한 번도…"

뇌종양 진단을 받은 마틴과 골수암 말기의 루디는 같은 병실에 입원한다. 시한부 판결을 받아 삶이 얼마 남지 않았다는 공통점 외에는 전혀 다른 성격의 두 남자. 단 한 번도 바다를 보지 못한 루디를 위해 마틴은 그와 함께 바다로 향하는 생애 마지막 여행을 시작한다.

모든 여행은 공통점이 있다. 그것은 여행이 끝나면 다시 집으로 돌아온다는 것이다. 결국 돌아오기 위해 떠나는 것이다. 죽음에 임박한 사람조차도 여행의 최종 목적지는 집인 것이다. 결국 그것은 지구 좌표상의 어느 곳이 아닌 자기에로의 여행을 의미한다. 가장 위대한 돌아옴은 죽음이다. 왔던 곳인 근원으로 돌아간다는 것이다. 죽음이야

말로 내가 태어났던 곳으로 되돌아가는 최고이자 완벽한 여행이라
할 수 있다. 그러나 살아 있을 때 그 최고의 여행을 맛보는 것은 죽음
을 준비하는 삶의 자세이다.

인생요리실습12: 여행지

가본 여행지		
	장소	이유
가장 인상 깊었던 곳		
가고 싶은 곳		
가고 싶지만 가지 못하는 곳		

인생요리실습13: 여행계획(10년 계획을 세워보자)

여행지	무엇이 걸림돌인가?	어떻게 해결할 수 있나?	착수시기	여행기간
ex) 남미	■ 시간 ■ 비용	■ 1순위로 계획 ■ 월 5만원씩 적립	20 년 월	20 년 월 ~

인생요리실습14: 마지막 여행지
– 내가 묻히고 싶은 장소를 찾아서

장소	형태	이유	견학시기
ex) 신두리 해안가	해안사구에서 바다가 보이는 방향으로 매장	바다가 좋아서	20 년 월
ex) 인도	바라나시 강에서 화장	좋은 곳에서 환생	20 년 월

메뉴 05
미리 꾸며보는 나의 장례식

나의 장례식에 필요한 것, 내 장례식의 바람,

영정사진, 묘비명 등 현실적인 부분과 이상적인 모습을 그려보는 시간

메뉴 05
미리 꾸며보는 나의 장례식

지금 이 나이에 떠난다면 현실적으로 나의 장례가 치러질 모습을 상상해 본 적이 있다.

'어느 장례식장에 내 영정사진과 함께 시신이 안치되어 있고, 엄마와 이모들 그리고 친구들이 나를 위해 밤새 울어주기도 할 것이며 2박 3일의 장례기간이 끝나면 화장터로 가 한 줌의 재가 되어 납골당에 안치되겠지.'라는 막연한 생각과 함께, 어쩌면 내가 죽은 것조차 모르고 며칠은 집안에 혼자 방치되어 있을 것이라는 생각이 들었다. 과연 나는 어떠한 죽음을 맞이하고 싶으며 어떤 장례식이 나의 장례식이라고 말할 수 있겠는가.

우리나라는 불교와 유교의 사상으로 시신에 염을 하고 3일 후 장례를 치르는 것이 보통이다. 과연 다른 나라의 장례는 어떨지 도표로 확인해 보자.

각국의 장례문화

국가	종교	장례식	시신안치	비고
인도	힌두교, 이슬람교	저승에서 영원한 삶을 갖게 되는 의식(윤회전생)	화장	갠지스강에서의 화장은 최대 축복
파키스탄	이슬람 바시교	사망 후 24시간 이내 장례식을 치러야 함	매장 조장	시신의 머리는 메카 방향
중국	유교, 불교	3일장/조문객에게도 곡, 지전(종이로 만든 종이돈)을 같이 태운다. 가까운 지인들만 부름	화장 매장 수장 이차장	상여 중에 고양이 접근금지(강시로 변한다고 믿음)
베트남	유교	터종껜(음악밴드)이 경쾌한 음악을 연주함 입속에 쌀, 동전, 금 등을 넣음	매장 화장 풍장	고인이 죽으면 사후세계에 모든걸 가져간다고 믿음
대만	유교	조문객이 많을수록 고인의 명예가 높아지며 조문 '호객행위'로 클럽댄스, 스트립쇼를 하기도 함	화장 매장 수목장	조직폭력배들이 장례산업을 장악하기 위해 클럽댄서 고용
일본	불교	스님의 독경으로 불교식 장례	화장 납골	24시간 내에 화장 법적금지
마다가스카르	토착신앙	'파마디하나' 사자를 웃는 얼굴로 보내기 위한 신성한 축제로 운구행렬을 하루종일 수십, 수백의 마을사람들이 행진함	장례를 치룬 후 7년마다 한 번씩 시신을 꺼내 습골을 한 후, 깨끗한 비단 수의로 갈아입혀 다시 안치. 가족묘실을 만들어 나란히 눕혀 놓음	죽음은 기쁜 일. 그 세계는 음식과 음악에 충만한 빛이 넘치는 세계

미국	기독교	시신을 메이크업해서 방부 처리한 후 조문객에게 보여줌. 장의사의 역할 및 사회적 영향력이 큼(목사외에 장례식 집전가능)	화장 매장	정장차림으로 매장 또는 화장함
오스트리아	기독교	장례미사	매장 화장	돌덮개, 십자가 규격, 장식물, 납골문, 관리인 지급비용까지 정해져있음
인도네시아	토라자족 다니족	물소의 희생으로 고인의 영혼이 사후세계로 간다고 믿음. 남겨진 가족의 손가락을 잘라서 같이 매장함	매장 납골	막대한 장례비용을 마련할 때까지 시신을 집안에 모심. 장례에 물소를 나눠먹어야 함
아마존	와리족 마세스족	고인 옆에서 염송과 통곡한 후 시신을 나누어 먹음	화장	산자와 죽은 자 사이의 애착을 끊고 슬픔에서 벗어나는 행위
티베트족	티벳불교	산꼭대기로 옮겨 제사 지낸 후 천장	천장	육체는 새에 의해서 하늘로 운반된다 생각. 새를 죽이지 않고 닭이나 달걀도 먹지 않음
아프리카 가나	기독교	친척(돈)들이 장례식에 모두 모이는 날까지 시신을 냉동실에 보관한다. 장례식은 고인이 천국에 간다는 믿음으로 밴드음악에 맞춰 춤추며 축제처럼 즐김	매장	특이한 관 만들기(탱크, 물고기, 젖소, 자동차 등) 고인이 살아생전에 원했던 물건이나 좋아했던 모양으로 만듦

각국의 장례문화가 다른 것은 지역의 특성과 신앙에 큰 연관이 있다. 티베트처럼 천장이나 조장을 하는 지역은 보통 추운 고산지대로 시체를 땅에 묻어도 썩지 않는 조건에 따라 풍습이 발달된 것으로 보여진다. 한편 친척들이 다 모일 때까지 시신을 안치해 두는 지역은 죽은 사람이 극락의 길을 갈 수 있도록 가능한 많은 사람들이 모여 빌어준다는 의미와 함께 장례 치를 비용까지 마련하는 특징을 보인다.

각국의 장례문화를 보면서 나의 장례는 어땠으면 좋겠다는 생각을 해보자.

나의 장례식엔 짜장면과 탕수육을 올려주기 바란다.
나의 장례식에는 파티 분위기가 풍겼으면 좋겠다.
나의 시신은 모두가 볼 수 있게 유리관에 안치해주길 바란다.
나의 장례식은 한적한 시골집에서 했으면 좋겠다.
나의 장례식은 5일 동안 열렸으면 좋겠다.
나의 장례식에는 신나는 아이돌 음악이 흘러나오길 바란다.
나의 유서는 내방 두 번째 서랍에 있으니 장례식에서 읽어 주길 바란다.
나의 죽음을 슬퍼 말고 모두 신나게 춤추길 바란다.
나의 시신은 화장한 후 반은 수목장, 반은 대이작도에 뿌려주어라.
나는 별이 될 것이니, 매년 동쪽하늘 파란별을 보며 손을 흔들어라.
나는 매월 보름달로 뜰 것이니, 달을 보며 생각해주길 바란다.

인생요리실습15: 미리 그려보는 나의 장례식

장례식에 필요한 물건, 음식 또는 꼭 와야 할 사람, 내가 준비할 수 있는 자료 등을 현실적이든 이상적이든 적어보자. 내가 그려보는 나의 장례식이 아닌가. 타인의 시선은 중요하지 않다. 오롯이 나에게 집중해보자.

나의 장례식 분위기 (신념)		장례식에 꼭 있어야 할 음식, 물건	
꼭 와야 할 사람들과 그들의 연락처		위치 기간 시신안치	
보여줄 영상 및 유서자료		그 외 필요한 부분	

일반적으로 묘비명이란 묘석에 새겨진 명문을 말하며 단, 묘석뿐 아니라 관이나 기타에 기록된 것도 포함하는데 묘석 등에 이름을 새겨서 고인을 추억하고 기리는 풍속은 동서고금을 불문하고 널리 보인다. 여기에서는 서양 전통의 원류라고 할 수 있는 고대 그리스·로마 세계의 묘비명에 대해 언급하기로 한다. 또한 서양에서의 묘비명은 고인 자신의 작품인 경우도 있으며, 유명한 것이 꽤 많다.

그리스어 묘비명의 가장 단순·소박한 형태는 고인의 이름만을 기록한 것, 또는 <누구, 그 시신이 여기에 잠들다>라는 간결한 산문체로, 이 형태는 고대부터 지금까지 사용되고 있다. 묘비명이 에레게이아 시형이나 기타 단시형을 이용해서 만들어진 경향이 점차로 증가함에 따라 시문의 조사나 시적 연상이 점차로 현저해지고, 묘비명 그 자체가 독백이나 호소의 문장으로 기록되었는데 고인 자신이나 또는 묘비가 <여행자여>라고 독자(묘석 앞에 멈춰 선 사람)에게 이야기하고, 고인의 추억이나 마지막 모습을 고하는 말이 묘비명으로서 새겨진 것이다. 이런 묘비명에 모습을 나타내고 있는 것은 부유한 사람만이 아니라, 사회의 모든 계층, 다양한 직종의 남녀가 포함되어 있다. 창부나 노예의 예도 적지 않으며 또한 말이나 개 등 반려동물의 묘비명도 남아 있다. 수많은 그리스의 묘비명은 죽음이라는 불가지하며 엄연한 사실을 향해 고대인이 던진 수많은 생각의 만화경이라고 해도 과언이 아니며, 각각의 간결한 말 중에도 깊은 인간성을 나타내고 있다.

우리나라의 묘비엔 '이름, 생존기간, 자녀 이름' 등을 적는 것이 일반적이다. 그러나 걸레 스님으로 유명한 중광스님은 '에이! 괜히 왔다 간다.'는 묘비명을 남기고, 김수환 추기경은 '야훼는 나의 목자, 아

쉬울 것이 없노라.' 테레사 수녀는 '인생이란 낯선 여인숙에서의 하루
와 같다.'는 말을 남겼다.

올해 타계 400주년을 맞은 윌리엄 셰익스피어는
그의 삶과 죽음에 대해 쓸데없이 호기심을 갖는 이들에게
묘비명을 통해

**"벗이여, 원하건대 여기 묻힌 것을 파지
말아다오, 이 묘석을 그대로 두는 자는 축복을
받고 나의 뼈를 옮기는 자는 저주 받을지어다."**

'걸레스님'으로 널리 알려진 중광은

"괜히 왔다 간다."며
인생의 허무함을 표현했습니다.

천상병 시인의 묘비에는
그의 시 '귀천'이 새겨져있습니다.

**"나 하늘로 돌아가리라
아름다운 이 세상 소풍 끝내는 날
가서 아름다웠더라고 말하리라"**

소설가 니코스 카잔차키스는
그리스인 조르바처럼

**"아무것도 바라지 않는다,
아무것도 두렵지 않다, 나는 자유롭다."**고

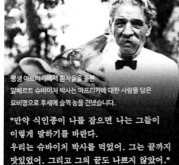

평생 아프리카에서 환자들을 돌본
알베르트 슈바이처 박사는 아프리카에 대한 사랑을 담은
묘비명으로 후세에 슬쩍 농을 건넸습니다.

**"만약 식인종이 나를 잡으면 나는 그들이
이렇게 말하기를 바란다.
우리는 슈바이처 박사를 먹었어. 그는 끝까지
맛있었어. 그리고 그의 끝도 나쁘지 않았어."**

소설가 어니스트 헤밍웨이는

**"일어나지 못해 미안합니다.
(Pardon me for not getting up)"**

만약 당신이 이걸 읽을 수 있다면
당신은 내 가슴 위에 서 있는 거다.

가수 프랭크 시나트라는
"The Best is Yet to Come"이라고 했죠.

존 하켓(1934-1983)
"저리가, 나 잠들었어."

"나는 이제 당신이 모르는 무언가를 알고 있다."

　묘비명은 짧지만 적어 나가는 시간 동안 자신의 인생을 돌아보고 파노라마처럼 지나가는 추억을 떠올리기도 하고 후회, 아쉬움, 미련 등을 편집해주는 효과가 있다.

　자신의 삶을 한 문장으로 표현해보면 어떨까? 혹은 자식들이나 남겨진 이들에게 해주고 싶은 말을 적어보는 건 어떨까? 내가 이렇게 살았구나, 앞으로 이렇게 살아야겠다는 목표가 도출되기도 한다.

인생요리실습16: 묘비명 적기

메뉴 06
나와 나누는 대화

5년 후의 나, 10년 후의 나, 80세의 나와 8살의 내가

과거와 미래투사기법으로 이야기를 나눠보는 시간

내게 다시 49일이 주어진다면?

메뉴 06
나와 나누는 대화

과거, 현재, 미래 나의 모습은 어떨까? 막연한 질문에 많은 상상이 떠오르는 사람도 있을 테고 과거나 현재는 알겠지만 미래를 어떻게 알겠냐는 사람도 있을 것이다. 그럼 과거 8살 때의 나는 어땠을까? 내가 꿈꾸던 지금 현재의 모습이 맞는가? 8살의 내가 나에게 편지를 써보자. "나는 네가 ○○○가 되어서 기분이 ○○○해."라고 시작해 보자. 어릴 적 내가 현재의 나에게 무슨 말을 하고 있는지 귀 기울여 들어보고 적어 내려간다.

나는 네가 중년이 되면 아이 둘을 키우고 있는 긴 생머리 엄마가 될 줄 알았어. 예쁜 엄마가 아이 둘을 데리고 초등학교와 유치원에 데려다 주고 있을 거라 생각했는데, 지금 보니 아이도 없고 결혼도 안 했네? 그래도 네가 하고 싶은 일 하고 있나 보다. 표정은 좋다. 나는 지금 공부도 잘하고 이것저것 너무 하고 싶은 게 많아서 걱정인데, 그래도 너는 하고 싶은 분야를 찾아서 공부하고 있다니 그 점은 정말 박수 쳐주고 싶네. 뭐든 전문적으로 열심히 하는 너의 성격은 존중하지만 너 자신을 위해 가끔은 쉬어가는 여유를 즐길 수 있는 네가 되었으면 좋겠다. 그리고 사랑하는 사람을 만나서 아이까진 아니라도 행복한 가정을 꾸렸으면 좋겠어. 나는 너의 행복을 바라.

실제 내가 꿈꿨던 중년의 모습은 긴 생머리의 커리어우먼이자 아이 둘을 키우는 멋진 엄마였다. 그러나 현실은 남편도 아이도 없으며 이제 막 심리상담 직업에 발을 들인 단지 성인일 뿐이다. 이 작업을 통하여 '과거―그곳'에서 '지금―여기'로 시점을 이동하여 나의 가치관에 대해 생각하는 시간을 가져보자.

인생요리실습17: 8살의 나와 나누는 대화

8살의 내가 꿈꿨던 지금의 나의 모습	
8살의 내가 지금의 나에게 이야기해 보자	

미래라고 하면 먼 훗날을 상상하기도 하겠지만, 기간을 정해서 경험하며 다뤄보는 미래는 조금 다르다. 5년, 10년, 20년, 80세의 미래를 그려보는 작업을 해보자.

미래투사(future projection)기법은 자신의 꿈, 미해결과제의 완결을 위해 미래로 시점을 이동하여 미리 경험하도록 하는 연극적 기법으로 미래의 상태를 주관적 판단을 기초로 하여 이루어진다. 이 작업을 거치면 미래를 예측하고 그 미래에 다가가기 위한 현 시점의 발전방향에 대해 구체적 내용을 정리해 보게 된다. 내 인생의 목표점과 현재 증진해야 할 부분의 집중력을 키워주는 효과를 가져오게 되는 것이다. 단순히 상상뿐 아니라 현재의 내가 미래를 그려보고 그 미래의 내가 나에게 편지를 써봄으로써 자신에게 조언을 받는 시간이기도 하다. 편지와 함께 연극치료 기법으로 들어가 빈 의자를 앞에 두고 직접 대화를 나눠보는 시간을 갖는다면 말과 행동으로 표현되었을 때의 카타르시스와 자기조력적 성취 효과를 기대해볼 수 있다.

처음에는 막막해하던 사람들이 하나둘 자신의 외모에서부터 그림을 그리기 시작한다. 가장 막막해했던 80세의 예를 들어 보면 사람들은 너무 먼 미래, 혹은 오지 않은 미래에 대해 불편함을 드러내기 마련이다. 그러나 외모를 그리라고 하면 조금씩 집중하는 모습을 보였다. 허리를 꼿꼿이 폈는지 등이 굽어있는지, 머리는 백발인지 염색을 꾸준히 하고 다니는지, 어떠한 옷을 즐겨 입으며 어느 장소에 자주 가는지에 대하여 그려보고 아침에 일어나서 제일 먼저 하는 일과 가장 좋아하는 음식은 무엇인지를 그려보자.

그녀는 하얀 백발의 머리를 쫑긋 묶고 모닝커피와 함께 글을 적고 있다. 그녀는 노트북과 작업실도 있지만 테라스에 앉아 노트에 손 글

씨로 적어 내려가는 것이 익숙한 듯하다. 마당에는 강아지 두 마리가 뛰어다니며 햇살과 함께 장난치는 모습이 미소를 자아낸다. 그녀는 살짝 굽은 허리를 꼿꼿이 펴려는 듯 스트레칭을 해준다. 오늘은 그녀의 강의가 있는 날이다. 11시까지 제자들이 데리러 온다 하니 분주할 법도 하지만 여유롭게 아침을 맞이하는 모습이 눈에 띈다. 아직도 그녀는 내 사람들과 함께하고 있다. 물론 그 영역은 훨씬 넓어졌지만, 내 사람들을 지키고 그들과 함께 연구하고 살아가는 것에는 변함이 없는 모습이다.

카르멘 델로피체(1931)
현 모델

인생요리실습18: 미래의 나의 모습

시점	외모(모습)	직업 및 능력
5년 후의 나의 모습		
지금의 나에게 하는 이야기		
10년 후의 나의 모습		
지금의 나에게 하는 이야기		

20년 후의 나의 모습		
지금의 나에게 하는 이야기		
80세의 나의 모습		
지금의 나에게 하는 이야기		

영화 [신과 함께]를 보면 망자가 49일 동안 7번의 재판을 치루는 장면이 나온다. 사람이 죽으면 7일씩 49일이 될 때까지 신들의 심판을 받는다는데, 마지막 49일에 염라대왕에게 최종 심판을 받아야 지옥에 갈지 극락에 갈지 결정이 된다고 한다. 변성대왕이 다스리는 살인지옥은 살인을 했거나 원인을 제공하는 언행을 한 자를 심판하는 지옥이고, 초강대왕이 다스리는 나태지옥은 한평생 나태하게 살아 인생을 허비한 사람을 심판하는 지옥이다. 태산대왕이 다스리는 거짓지옥은 생전에 했던 거짓말을 심판받고, 불의지옥은 정의롭지 못한 자를 심판하게 된다. 배신지옥은 자신을 믿어 준 누군가의 믿음을 저버린 사람을 심판하는 지옥이며 폭력지옥은 폭력을 가한 자를 심판하는 지옥이다. 천륜지옥은 효도와 부모에 대한 마음을 심판하는 지옥으로 염라대왕이 다스리고 있다. 만약 내가 49일 동안 이곳에서 재판을 받고 있다면 나는 어느 지옥에 갇히게 될 것인지, 혹은 모두 통과할지 한 번쯤 생각해보자.

인생요리실습19: 내가 갇히는 지옥

살인지옥		배신지옥	
나태지옥		폭력지옥	
거짓지옥		천륜지옥	
불의지옥		내가 생각하는 지옥	

49재의 유래는 6세기경 중국에서 생겨난 의식으로 유교적인 조령숭배(祖靈崇拜)사상과 불교의 윤회(輪廻)사상이 절충된 것이라고 여겨진다. 불교의식에서는 사람이 죽은 다음 7일마다 불경을 외면서 재(齋)를 올려 죽은 이가 그 동안에 불법을 깨닫고 다음 세상에서 좋은 곳에 사람으로 태어나기를 비는 제례의식으로 칠칠재(七七齋)라고도 한다. 이 기간은 죽은 이가 생전의 업에 따라 다음 세상에서의 인연, 즉 생이 결정된다고 믿기 때문에 유교에서는 유족들이 고인을 위해 49재에 정성을 다한다고 한다.

만약 이 49일의 시간을 현생에서 보낼 수 있다면 어떨까?

죽음을 인지한 나에게 49일이 주어진다면 무엇을 하고, 누구를 만나고 어떠한 일을 해보고 싶은지 적어보자. 행복했던 추억을 남기고 가고 싶은 사람도 있을 것이고, 용서를 구하고 떠나고픈 사람도 있을 것이며, 그동안 누리지 못했던 버킷리스트를 해보는 사람도 있을 것이다. 49일의 시간을 어떻게 보낼 것인지 크게 15일씩 나누어 계획을 세우기도 하고 하루하루의 계획도 세워보자.

인생요리실습20: 내게 49일이 다시 주어진다면?

'누가 언제 어디서 무엇을 어떻게 왜'라는 육하원칙에 맞춰 적어도 보고 그저 무엇을 하고 싶은지도 적어본다.

누구를 만날 것인가?	
무엇을 할 것인가?	
어떻게 해볼 것인가?	
어디에 갈 것인가?	
언제 할 것인가?	
왜 하고 싶은가?	
구체적인 계획	

메뉴 07
그때의 난 어땠을까 '본어게인'

본어게인(Born Again) 프로그램을 통하여 과거로 돌아간다.

그 자유로움을 만끽하며 그때의 나를 이해하고 표현해보는 시간

그때의 난 어땠을까 '본어게인'

본어게인(Born–Again)은 오쇼 명상의 3대 치유 명상 중 하나로 새롭게 태어나는 제2의 삶을 발견하는 것을 가능케 해준다. 내면의 아이를 만나 대화하고, 그 아이의 말을 공감하고 경청해주고, 그 아이를 위해 안전한 공간을 만들어줌으로써 결코 그 아이를 떠나지 않고 있음을 느끼고 체험하게 된다. 본어게인은 살아서 새로운 삶을 부여받는 특별한 경험이다. 방법은 너무도 간단하다. 그것은 어린 시절로 즉시 되돌아가 어린아이가 되는 것으로 가능하다. 단순히 어린아이처럼 행동한다? 훌쩍 커버린 우리에게는 아마도 가장 어려운 일일지도 모른다. 인생에는 성장이 사라지고 어린 시절의 가식 없는 즐거움이 사라지고, 거짓됨이 자라나는 어떤 지점이 있다. 그때부터 우리는 스스로 분리된 채 심각하게 많은 지식을 쌓아가며 다 자란 어른으로 홀로 있다. 그런 채로 닫혀있는 것이다.

본어게인은 우리가 성장을 멈춘 그 지점으로 되돌아가 일체의 마스크를 벗어던지고 어린아이처럼 다시 태어나게 한다. 자신의 존재의 탐구에 있어서 어린이다운 천진함과 자유스러움이야말로 본질적으로 중요하다. 왜냐하면 그것들이야말로 가장 일찍부터 억압되고 왜곡되어 왔기 때문이다. 당신의 폐쇄성과 허위를 벗어던지고 삶의 에너지 파장을 근본적으로 바꾸며, 생생한 삶의 맥박 속으로 다시 돌아올 수 있는 훌륭한 기회. 당신은 더욱 신선해지고, 더욱 무구해지며, 명상은 더욱 쉬워질 것이다.

오쇼는 본어게인을 하는 시간에 대해 이렇게 말한다:

당신의 어린 시절을 다시 찾으라.

모두가 그것을 원하지만 그것을 되찾기 위해 실제로 무엇인가를 하는 사람은 거의 없다. 모두가 그것을 원한다. 사람들은 어린 시절이 파라다이스였다고 말한다. 시인들도 어린 시절의 아름다움에 대해 노래한다. 누가 당신을 막고 있는가? 그것을 다시 찾으라.

그 시절이 좋았다고 말하는 것만으로는 도움이 안 된다.

왜 다시 그때로 돌아가지 않는가? 왜 다시 어린아이가 되지 않는가? 당신이 다시 어린아이가 될 수 있다면, 새로운 길로 자라나기 시작할 것이다. 진정 처음으로 다시 살아날 것이다. 당신이 아이의 눈을 갖는 순간, 아이의 감각을 갖는 순간, 젊고 삶으로 고동치는 아이의 감각을 갖는 순간, 삶 전체는 당신과 함께 진동할 것이다.

기억하라, 당신의 파장은 변형되어야 한다. 세상은 언제나 흥분으로 진동해 왔다. 오직 당신이 그것을 조율하지 않고 있을 뿐이다. 세상이 문제인 것이 아니다. 문제는 당신이다. 당신이 조화를 이루지 않는 것이다. 세상은 춤추면서 항상 축복 속에 있으며, 모든 순간이 축제이다. 축제는 영원에서 영원으로 이어지는데 당신만이 그것에 조화를 이루지 못하고 있다. 당신은 스스로 분리되어 심각하게 많은 지식을 가지고 성숙한 사람으로서 홀로 있는 것이다. 당신은 닫혀있는 것이다. 그대의 폐쇄성을 던져버려라! 삶의 흐름 속으로 다시 움직여 들어오라. 태풍이 불어오면 나무는 춤을 출 것이며 당신 또한 춤을 출 것이다. 밤이 오면 모든 것이 어두워지고, 당신도 어두워진다. 그리고 아침 해가 뜨면, 당신 안에서도 해가 뜨게 하라.

어린아이같이 즐거워하고 과거를 생각하지 말라.

어린아이 그는 결코 과거를 생각하지 않는다. 진정으로 그는 과거를 생각하지 않는다. 어린아이는 미래에 대해 걱정하지 않는다. 그는 시간관념이 없다. 그는 전적으로 걱정 없이 산다. 그는 순간 속에 움직인다. 그는 어떤 과거의 기억도 가지고 다니지 않는다. 그는 화가 나면 화를 낸다. 그 분노 속에서 그는 엄마에게 말할 것이다. "엄마, 미워." 이것은 단지 말이 아니다. 이것은 진심이다. 그 순간에 그는 진정으로 전적인 분노 속에 있는 것이다. 다음 순간 그는 분노에서 나와, 웃으면서 엄마에게 키스하면서 이렇게 말할 것이다. "엄마, 사랑해." 여기에 모순은 없다. 이것은 전혀 다른 순간이다. 그는 전적인 분노에 있었고, 이제 그는 전적인 사랑 속에 있다. 그는 강물이 흐르듯 지그재그로 움직인다. 물이 그를 어디로 이끌든 그는 전적으로 흐른다.

전적으로 아이가 되어라.

미움이 올라오면 미워하라. 사랑이 올라오면 사랑하라. 화가 나면 화를 내라. 그리고 잔치를 벌이고 싶다면 잔치를 벌이고 춤을 추어라. 과거의 것은 어떤 것도 지니지 말라. 순간에 진실하게 존재하고, 미래를 신경 쓰지 말라. 이 기간 동안은 시간에 대해 완전히 잊어라. 시간을 던져버려라. 이것이 내가 당신에게 심각하지 말라고 하는 이유이다. 당신이 심각해지면 질수록 더욱 시간에 신경을 쓰게 된다. 어린아이는 영원 속에 산다. 그에게는 시간이란 없다. 그는 시간이 무엇인지 모른다. 이 기간 동안 당신이 시간을 버린다면, 당신은 진정한 명상을 할 수 있을 것이다. 순간을 살고 그것에 진실하라.

장난스러워져라.

그것은 어려울 것이다. 당신은 여태 갑옷을 두르고 살아왔기 때문에 그것을 벗는 것이 어려운 것이다. 당신은 춤도 노래도 못 하고, 팔짝팔짝 뛰지도 못하고, 소리를 지르거나 울거나 웃지도 못한다. 웃고 싶어도 당신은 먼저 웃을 대상을 찾을 것이다. 당신은 이유 없이 웃는 법을 모른다. 어떤 이유가 있어야만 웃는다. 당신은 어떤 이유가 있어야만 웃거나 울 수 있다고 생각하는 것이다.

당신의 지식을 던져버리고 심각함을 던져버려라.

이 기간 동안 전적으로 장난스러워져라. 당신은 아무것도 잃을 것이 없다. 얻는 것이 없을 것이라고 생각되겠지만 잃을 것도 없다. 당신이 장난스러워짐으로 무엇을 잃겠는가? 오히려 단언컨대 당신은 완전히 달라질 것이다.

내가 장난스러워지라고 하는 것은 당신이 성장을 멈춘 그 지점으로 돌아가기를 바라기 때문이다. 인생에는 성장이 사라지고 거짓됨이 자라나는 어떤 지점이 있다. 당신은 어린 시절 짜증이 나서 화를 낸 적이 있을 것이다. 그러면 어머니나 아버지가 말한다. "화내지 말아라. 그것은 좋지 않다!" 당신은 자연스러웠지만 어떤 분리가 일어나고 하나의 선택을 해야 하는 상황이 생긴다. 당신이 자연스럽게 있는다면 부모의 사랑을 얻지 못할 것이다. 이 기간 동안에 당신은 '자연'스러운 상태에서 '좋은' 상태로 변하는 지점으로 돌아가게 될 것이다. 당신의 어린 시절이 다시 돌아오도록 장난스러워져라. 당신은 마스크를 던져버려야 하기에 이것이 쉽지만은 않을 것이다.

당신은 인격이라는 그대의 얼굴을 벗어라.

기억하라. 본질은 당신의 인격이 사라질 때에만 나타나는 것이다. 인격은 감옥에 갇힌 수인처럼 되었기 때문이다. 그것을 벗어 던져라. 그것이 고통스러워도 그렇게 해야 한다. 그대는 그것을 통해 다시 태어날 것이기 때문이다. 고통 없이는 어떤 거듭남도 없다. 당신이 진실로 다시 태어나고자 한다면 위험을 감수하라.

- 오쇼 'Meditation: First and Last Freedom'

실제 참여자의 사례에서 기억의 재구성을 통해 어떻게 스스로 다시 태어나는가를 살펴보자(원래 프로그램은 7일 동안 하루 2시간씩 같은 활동이 매일 반복된다).

첫째 날.

첫날이라 그런지 사람이 적어서 그런지 그룹역동이 없었다.

주어진 것으로는 각종 천, 베개, 매트리스 이것이 전부였고 우리는 몇 가지 주의점을 전해 듣고 놀이가 허락되었다. 천을 망토처럼 두르고 뛰어다니고 베개 위에 점프도 하였다. 대개의 참여자들은 혼자 집을 짓고 놀았다. 할아버지 한 분은 누워서 주무시는 듯했다. 왜 여기 오셨을까? 본어게인 프로그램은 또 왜 오셨을까? 칠순은 되어 보이는 노쇠한 영감인 듯한데. 슬슬 장난을 걸어보니 받아 주신다. 씩 웃으시면서. 그 외 스페인 아이와 독일 아이는 혼자 놀고 있다. 사람들은 각자의 어린 모습을 기억하고 지금 그 모습으로 들어가 살고 있는 듯하다.

오늘은 고향집이 떠오른다. 어린 시절의 내가 보였다. 시골 동네의 마을공동회관. 나는 강보에 쌓여 천장을 바라보고 누워 있었다. 몸을 가누지 못했으니 아마도 6개월 전후 정도일 것 같다. 그리고 수많은 남자들에게 둘러싸인 엄마. 이리 피하고 저리 피하고 있다. 두려움과 공포에 쌓인 어린 아기.

그것은 정말 충격이었을까? 지금의 나에게 영향을 주는 게 맞는 것일까? 인간은 어린 시절의 트라우마에서 원인을 찾아 돌아가고 과거로의 회귀를 끝내 인정해야만 하는 것일까? 나는 그 꼬마가 되어서 사람들을 밀쳐내는 시늉을 했다. 그러다 갑자기 엄마가 사준 새 옷을 입고 뽐내면서 순이네 집에서 서성거리던 내가 떠올라 갑자기 웃음이 터져 나왔다. 스페인 아이가 같이 웃어 주었다.

둘째 날.

한 시간을 그냥 누워있음. 이불 뒤집어씀. 이불 걷어 참. 베개무덤 속에 들어가 봄. 베개 껴안고 잠들기. 천을 둘러 머리를 감싸 봄. 손가락 빨기. 쯥쯥쯥 젖 빠는 소리 내어보기. 옹알이하기.

특별히 하는 것 없이 혼자 있음. 근데 다들 그랬던 것 같았다. 계속 우는 아이, 가끔씩 흐느끼는 아이. 계속 꺼억 트림하는 아이, 광목천을 강박적으로 찢는 아이. 베개에 천을 묶고 강아지처럼 끌고 다니는 아이.

셋째 날.

엄마? 하고 불렀다.

장마 비가 억수같이 쏟아지던 그날도 이렇게 엄마를 찾았었다. 자고 일어나 문을 열어보면 비는 계속 내리고 있고 그 집에 나 혼자 있었다. 무섭고 외롭다. 몇 번을 자고 깨고 반복하는 어린아이. 그러나 여전히 엄마는 없다. 거친 장마 빗소리에 혹시라도 엄마 발자국 소리가 들릴까 귀를 기울였다. 또는 엄마 발자국 소리에 깨어나 문을 열어도 보았다. 그러나 엄마는 없다.

두려움, 공포, 그리움, 외로움, 공포. 결국 그날의 기억은 그것으로 끝났다. 그 이후 기억은 없다. 어쩌면 엄마는 그리 멀리 간 것이 아닐지도 모른다. 오늘은 이불을 뒤집어쓰고 엄마? 하고 조용히 노래를 불렀다. 누가 다가왔다. 스페인 아이다. 그 아이도 알 듯 모를 듯 노래를 불렀다. 그러다 갑자기 날 간지럽히기 시작하더니 베개를 갖고 도망을 갔다. 그 아이를 따라 잡으러 뛰어다녔는데 아이들이 다 뛰기 시작했다. 어떤 규칙도 없는 술래잡기가 되어서 신나게 깔깔대었다.

오늘은 특별히 스페인 아이랑 주고받는 반응이 있었다. 생각해보면 첫날부터 그랬던 것 같다. 그가 소리를 내면 반응해서 주거니 받거니 했다. 걷거나 뛰거나 할 때도 연결된 뭔가가 있었다. 아장아장 기어가는데 그 아이가 가로막는다. 천을 찢어서 한 줄 한 줄 내게 건네준다. 내가 끈을 펼치자 마치 빨래같이 다른 줄을 묶어서 널어놓는다. 그 모양이 마치 원시부족의 주술적 목걸이같이 생겼다. 그것을 그 아이의 목에 걸어 잘 묶어 주었다. 그 아이는 누워서 알 수 없는 중얼거림을 한다. 내가 지나갈 때마다 손끝을 붙잡는다. 이렇듯 오늘은 다들 관계성을 가지는 것 같다.

넷째 날.

뭔가 일어났다. 창문을 열어보니 비가 주룩주룩 내렸다. 엄마는 어디가고 없고 무섭고 외로웠던 그 기억.

다시 그 장면이 수면 위로 올라왔다. 그런데 신기하게도 문을 여니 비가 그치고 장면이 바뀌고 있었다. 하늘은 맑아지고 대지는 푸른 초원으로 바뀌며 산과 강이 안개에 쌓여 희미하게 나타나더니 점차 선명해졌다. 뭐라고 설명해야 할까?

실개천의 그 연꽃 연못. 계곡물의 새벽안개를 가득 담은 산. 소금을 뿌려놓은 듯 하얀색 지천으로 피어난 메밀 밭. 이런 풍경이 한 곳에 합쳐진 것 같은 모습으로 바뀌었다. 믿을 수 없을 정도였고 마치 내 눈이 나를 속이는 것 같았다. 그곳에는 물레방아가 있었다. 그 청보리밭 너머 메밀밭에는 처녀가 수줍은 듯 빨래를 하고 있었다. 개울가에 작은 바윗돌로 놓여진 징검다리 위에는 앞집 순이가 물장난을 치고 있었다. 하얀 학이 논밭 위를 날으며 꼬마는 소 등 위에 앉아 해 질 무렵 산등성이를 넘어 집으로 돌아오고 있었다. 소년은 피리를 불며 황금빛으로 물드는 저녁 하늘을 바라보고 있었다. 바람이 참 부드럽게 느껴져 왔다. 집집마다 저녁 짓는 굴뚝에는 연기가 모락모락 피어나고 있다. 엄마가 밥 해놓고 기다린다. 구수한 된장국 냄새가 발걸음을 재촉한다. 이랴~~ 소의 엉덩이를 발로 툭 치면서 '이랴. 이랴!' 다시 한번 재촉한다.

이것은 분명 연금술이다. 너무 행복한 장면에 덩실덩실 춤을 추었다. 스페인 아이가 같이 춤을 추어주었고 나는 그 아이를 등에 업고 온 공간을 돌아다녔다.

이 사례의 사람은 그 다음 날에도 오래된 기억의 변형을 경험하였다. 첫째 날의 기억이 그것인데, 엄마 주변 사람들이 공포의 대상이 아니라 축제에서 원으로 둘러 모여 작대기 춤을 추고 수호전사로 변하는 것을 경험하였다. 그것은 마치 아프리카 원주민의 제의식 같은 것이었다고 참여자는 말했다.

모두에게 이런 변형의 경험이 있지는 않을 것이다. 하지만 분명한 것은 본어게인 시간 안에서 일어난 것은 사실이다. 그것은 어린아이가 되어 어린 시절을 허락했기에 가능한 일이었다.

"한번 장난스러워져 보세요. 아마 그것은 어려울 거예요. 당신은 여태 성격갑옷을 두르고 살아왔기 때문에 그것을 벗는 것이 어려운 것일 뿐입니다. 원래 우리는 어릴 때 춤추고 노래도 하고, 장난치거나 소리를 지르고 울고 웃었어요. 그게 나예요. 아무것도 잃지 않고 그 시절을 잘 보내 왔잖아요? 오히려 그 시절을 다들 그리워하지 않나요? 뭘 그리 심각하게 사시나요.

내 것이라고 여기며 살아왔던 지식, 명예, 사회구성원, 페르소나, 두터운 갑옷 등을 벗어던지고, 순수한 어린아이가 되어봄으로써 '내 안의 나'인 진정한 자기를 만나는 기회. 이 시간 동안 전적으로 아이가 되어 보는 것입니다."

실행 방법

한 시간 동안 어린아이처럼 행동하고 어린 시절로 돌아가서 동심의 세계를 마음껏 느낀다. 한 시간 동안 고요하게 앉아서 아무것도 하지 않고 명상한다. 한 시간 동안 그림이나 글을 적고 이야기를 나눈다.

매뉴얼에 따라 원칙을 읽어준다.
For the first you behave like a child, just enter your childhood.
Whatever you wanted to do, do it — dancing, singing, jump-ing, crying, weeping — anything at all, in any posture.
Nothing is prohibited except touching other people.

Don't touch or harm anyone else in the group.

For the second hour just sit silently.

You will be more fresh, more innocent and meditation will become easier.

첫 번째 시간은 어린아이처럼 행동하려면 어린 시절로 들어가십시오.

- 춤추고, 노래하고, 뛰고, 울고, 흐느끼고, 무엇이든 - 어떤 자세로든 하고 싶은 대로 하세요.

다른 사람을 만지는 것 외에는 금지된 것이 없습니다.

그룹의 다른 사람을 만지거나 다치게 하지 마십시오.

두 번째 시간은 그냥 조용히 앉아 있으세요.

당신은 더 신선하고 순수할 것이며 명상이 더 쉬워질 것입니다.

어린 시절로 들어갈 때는 환경을 만들어 주는 것이 필요하다. 쑥스럽기도 하고 겸연쩍어서 쉽게 어린 시절로 들어가기 어려워한다. 적당히 조명을 어둡게 하여 자신 내부에 집중하게 한다. 매트리스나 이불, 솜 베개를 충분히 마련해서 자신의 공간을 확보하게 하는 것도 좋다. 폭신한 인형도 도움이 된다. 진행자는 그룹 안에서 자신만의 독립된 공간을 확보하여 그룹에 관여하지 않고 어린 시절로 돌아간다. 가끔씩 천 같은 것을 찢는 소리를 내어 역동을 부여한다. 찢어진 천은 엮어서 내놓으면 참여자들이 다양하게 이용하는 것을 볼 수 있다. 베개를 묶어 강아지 산책을 시킨다든지, 매듭을 중간중간에 만들어 고무줄놀이를 한다든지. 뭐든 일어나는 대로 허락한다.

지나친 신체접촉이나 과격한 행동에 사전 주의를 주고 그 외에는 무엇이든 허락한다. 친분관계가 있거나 공격적이지 않으면 가벼운 신체접촉은 허용한다. 춤추고, 노래하고, 뛰고, 울고, 흐느끼고 뭐든 하고 싶은 대로 한다. 어린 시절은 사람마다 느끼는 시간대가 다르다. 손가락을 빠는 영아에서부터 말을 하고 집단 놀이를 하는 유아기 또는 아동기까지 다양하다. 자기가 생각해서 어린 시절이라고 생각되는 나이로 가면 된다.

명상시간에는 침묵을 요한다. 꼭 가부좌 자세를 유지하지 않아도 된다. 벽이나 베개 등에 기대거나 누워도 상관없다. 단, 잠이 드는 것은 경계해야 한다. 이 고요의 시간에는 참여자들 머릿속에서 많은 생각들이 스쳐 지나가게 된다. 어떤 생각이 올라오든지 거기에 참여하여 키우지 말고 그저 그 생각을 지켜보고 흘러가도록 내버려 두게 한다. 즉, 생각을 지켜보는 것이다.

나눔 시간에는 어린 시절과 명상시간에 떠올랐던 경험을 이미지나 글로 표현한다. 그림은 잘 그리고 못 그리는 것이 아니라 형태와 색감으로도 충분하고, 글은 단 한 줄의 문장으로도 충분하다. 사람에 따라서는 집중하여 표현하는 사람들도 있을 것이다. 표현작업이 끝나면 모둠과 서로 이야기를 나누며 마무리한다.

메뉴 08
나에 대한 최소의 예의 '애도'

지난 나의 삶을 애도하는 시간
쿤달리니 명상, 떠나간 이에게 쓰는 편지, 나에게 쓰는 편지

나에 대한 최소의 예의 '애도'

애도란 타인의 죽음이나 심한 정신적 고통 또는 불운을 슬퍼하는 동정심이다. 얼핏 보면 타인의 죽음이나 상태에 대한 자신의 감정적 안타까움을 표현하는 것처럼 보이나 실은 자기 자신에 대한 슬픔을 말하는 것이다.

충분히 슬퍼해야 하는데 슬픔을 표현하지 못하고 지내다가 우연한 기회에 그 슬픔이 오랫동안 자신 안에 자리 잡고 있는 것을 뒤늦게 깨닫는 경우가 있다. 감정이 준비되지 않았는데도 갑작스럽게 터져나오는 울음은 우리를 당황스럽게 한다. 그때는 미해결된 감정이 남아 있다는 것을 깨달아야 한다. 그리고 그것이 무엇인지 알아가야 한다. 까마득히 잊어버린 사건일 수도 있고, 이미 해결되었다고 생각되었던 것일 수도 있고, 아니면 슬픔을 억지로 억압하고 있는 의식적인 사건일 수도 있다.

엘리자베스 퀴블러 로스는 자신의 저서 '상실수업'에서 다음과 같이 말하고 있다. 상실에 대한 슬픔의 다섯 단계가 있다. 부정, 분노, 타협, 절망, 수용이 그것이다. 이 단계는 순차적으로 일어나는 것은 아니다. 뒤죽박죽 섞여있기도 하고 끝났다고 생각했는데 다시 그 전 단계로 퇴행하는 경우도 있다. 그리고 모든 이가 다섯 단계를 다 경험하는 것도 아니다.

부정의 단계에서 '난, 그 사람이 죽었다는 게 믿어지지 않아요.' 실제 죽음을 부정하는 것은 아니다. 다만, 당장이라도 두 팔을 벌리고 안길 것만 같은 그 사람이 없다는 현실이 믿어지지 않는 것이다. 이 슬픔의 첫 단계는 우리를 도저히 슬픔에서 헤어 나오지 못하게 만든다.

분노는 여러 형태로 나타난다. 사랑하는 사람이 건강에 더 신경 쓰지 않았던 것에 화가 나고, 사랑한 이를 더 잘 보살피지 못했던 자기 자신에게 화가 난다. 왜 하필 그 시간에 거기에 있었느냐 화가 난다. 분노의 대상에는 한계가 없다. 친구, 의사, 가족, 사회, 자기 자신, 죽은 사람뿐만 아니라 신에게도 확장된다.

"그녀를 찾을 수도 없고, 볼 수도 없는 세상에서 내가 계속 살아야 한다는 것이 화가 납니다. 영혼이 내 곁을 떠나 버렸습니다."

그러나 분노는 치유의 필수과정이다. 끝이 없어 보일지라도 분노를 기꺼이 느껴보라. 진심으로 느끼면 느낄수록 분노는 점점 더 사라지기 시작하며 당신은 치유될 것이다. 사랑하는 사람을 잃기 전에는 그 사람이 살 수만 있다면 무엇이든 할 수 있을 거라 여기며 이내 타협하기 시작한다.

"신이시여, 제발 아내를 살려주세요. 아내가 원하지 않는 일은 절대 하라고 하지 않겠습니다. 더 착한 사람이 되겠습니다. 내 남은 인생 전부를 당신께 바치겠습니다. 지금은 안 됩니다. 제발."

한 시간이 지나 수술을 마친 의사가 와서 말한다.

"죄송합니다. 부인을 살려내지 못했습니다."

시간이 지남에 따라 타협은 형태가 바뀐다. 사랑하는 사람 대신 자신을 죽게 해달라고 타협한다. 사실을 받아들이게 되면 고통 없이 죽게 해 달라고 타협한다. 천국에서 다시 만나게 해 달라고 타협한다. 이렇게 타협은 마음이 상실의 한 상태에서 다른 상태로 이동하도록 돕는다.

절망의 단계는 영원히 지속될 것 같다. 아침이 오지만 개의치 않는다. 침대에서 일어날 시간이라며 마음은 속삭이지만 그럴 열의가 없다. 절망은 지극히 정상적인 상황이고 적절한 반응이다. 감당할 수 없다고 느끼게 하여 우리를 보호하려는 신경체계의 본능적 의지이다. 절망에서 빠져나오는 길을 찾는 것은 마치 태풍의 소용돌이 안에서 탈출구가 없음을 두려워하며 바다 위를 배회하는 것과 같다. 절망감을 방문객으로 여겨라. 환영받지 못한 방문객이지만 당신이 좋아하든 싫어하든 그 시간에 방문할 자이다. 그 손님을 위해 자리를 마련하라. 피할 방법을 강구하지 말고 다만 함께 앉으라. 절망을 느끼도록 공간을 마련하면 상실 안에서 그 목적을 달성한 절망은 곧바로 떠날 것이다.

수용의 단계는 사랑한 이가 실제로 떠나버린 현실을 받아들이고 이 새로운 현실이 영원한 현실임을 인정하게 되는 단계이다. 그것은 '이상 없음', '괜찮다고 여김'의 의미가 아니다. 수용하게 된다는 것은 안 좋은 날보다 좋은 날을 보내게 된다는 의미이다. 다시 정상적인

생활을 하는 자신에게 이것은 사랑하는 사람을 배신하고 있다고 느낄 것이다. 물론 다른 어떤 것으로도 잃어버린 사람을 대신할 수는 없겠지만, 새로운 결합, 의미 있는 새로운 관계를 형성할 수 있다.

1. 타인에 대한 애도

가장 가까운 사람의 죽음을 떠올려 보라. 조부모, 부모님이나 형제자매들. 사랑하는 남편과 아내, 자식들 그리고 친구들을 상실한 경험이 있는가? 그때 나는 충분히 슬픔을 표현하고 오열하며 울었는가? 아니면 올라오는 눈물을 참고 견디었는가?

아버지의 입관식 때였다. 이상하게도 눈물이 나오지 않았다. 그날 따라 비가 억수같이 쏟아졌다. 형제들 모두 비통한 채 입을 꾸욱 다물고 있었다. 아버지의 관이 땅속으로 내려가고 흙이 한 삽 한 삽 그 위를 덮고 있었다. 빗소리에 묻혀 침묵은 더 고요했다. 그때 누군가가 소리쳤다. "야 이놈들아 곡을 해라. 곡을!" 아버지 가는 길에 어찌 울음을 보이지 않느냐는 호통이 천둥번개같이 울렸다. 남자형제들은 그제서야 소리를 내어 울기 시작했다. 점점 그 소리가 커지더니 통곡과 오열이 온 산을 뒤덮었다. 아마도 그때 그 호통이 없었다면 울음소리 한 번 내지 않고 끝났을 것이다. 그 형제들에게 애도의 눈물이 없는 것이 아니었다. 다만, 참고 억누르고 있었을 뿐이었다.

2. 자신에 대한 애도

사랑하는 사람을 아프게 했던 자신의 모습을 떠올려 보라. 도무지 용서가 되지 않는 마음과 행동을 한 자신을 떠올려 보라. 자신을 비참하게 내버려 둔 것을 떠올려보라. 자신을 향해 얼마나 많은 비난을 퍼부었는가? 당신은 죄책감을 경험하는가? 그것은 자신을 향한 분노이다. 허락하라. 그 자신을 슬퍼하고 애도하라. 용서가 일어날 때까지.

'한 여인이 있었다. 그 여인은 남자에 의해 둘의 관계를 숨겨야 했다. 사랑하는 사람이었지만 그 남자의 주위에 자신의 존재를 드러내는 것은 금기되었다. 애도 작업이 시작되고 두 번째 단계에서 음악이 흘러나오자 "나는 누군가에 의해 숨겨졌어!" 하며 울기 시작했다. "이제 다시는 나를 그런 상태로 내버려 두지 않을 거야. 밖으로 나올 거야. 그동안 얼마나 힘들었는데!"라며 자신의 가여운 영혼을 슬퍼하고 애도하고 오열했다. 숨 막히게 가두어 두었던 스스로에게 용서를 청하고 있었다.'

쿤달리니 명상 춤

오쇼 쿤달리니 명상은 각각 15분씩 네 단계로 나누어져 있는 한 시간짜리 명상이다. 이 명상은 세 번의 종소리가 울리면서 끝마친다.

첫 번째 단계: 15분

몸을 이완하고 에너지가 발에서부터 위로 올라온다고 느끼면서 당신의 온몸에 떨림이 일어나게 하라. 바닥에 두 발을 고정한 채로 바람풍선인형처럼 모든 것을 놓아버리고 떨림 그 자체가 되어라. 눈을 뜨거나 감아도 된다.

몸이 충분히 흔들리면 호흡을 "후" 하고 거칠게 내쉰다.

소리를 낸다. 몸통에서 나오는 어떠한 소리라도 기꺼이 초대한다. 그것이 동물의 소리라도.

'몸이 요구하는 대로 다 들어주어라.'

이제 됐다. 그만하면 됐다. 이제 당신에겐 오로지 당신 자신만을 들여다보는 시간이 필요하다. 돌아가서 자신과 접촉하고, 스스로 어떤 감정 상태에 빠져 있는지 눈여겨볼 일이다. 몸의 속도를 음악에 맞추고, 오직 몸이 해달라는 대로 다 들어주어라.

두 번째 단계: 15분

이제 바닥에서 두 발을 떼어서 당신이 느끼는 대로 춤을 추어라. 그리고 온몸이 원하는 대로 움직여라. 눈을 뜨거나 감아도 된다.

세 번째 단계: 15분

앉거나 눕거나 선 채로 눈을 감고 가만히 있어라. 내면과 외부에서 일어나고 있는 것은 무엇이든 주시하라. 슬픔에게 자리를 내어주고, 눈물의 샘이 마를 때까지 울어라. 몸의 자세를 슬픔과 애도에게 내어주라.

'슬픔에게 자리를 내어주라.'

분노가 솟구치면 소리 내어 분노하라. 판단하지 말고, 의미조차 찾으려 하지 않고, 오직 분노 그대로를 느껴라. 어차피 삶은 불공평하다. 죽음 역시도 불공평하다. 그러니 이토록 불공평하기 짝이 없는 상실 앞에서, 어찌 분노하지 않을 수 있겠는가.

'눈물의 샘이 마를 때까지 울어라.'

하지만 이것을 알라. 정작 피해야 할 일은, 쏟아 내어야 할 눈물이 충분히 빠져나오기 전에 울음을 억지로 멈춰버리는 것이다. 30분 동안 울어야 할 울음을 20분 만에 그치지 마라. 눈물이 전부 빠져나오게 두라. 그러면 스스로 멈출 것이다.

네 번째 단계: 15분
눈은 감은 채로, 가만히 누워 있으라.

3. 편지쓰기

인생요리실습21: 너에게 쓰는 편지. 상실의 밑바닥까지 발을 디뎌 보라.

슬픔은 밖으로 표현되어야 한다. 고통과 슬픔은 오직 밖으로 표현될 때만이 충분히 실감할 수 있다. 떠나간 이에게 편지를 쓰라. 당신이 얼마나 한심하게 지내고 있으며, 얼마나 독하게 잘 참아내고 있는지를, 그리고 단 하루도 당신을 잊은 적 없다고 고백을 쏟아보라.

인생요리실습22: 나에게 쓰는 편지. 상실의 밑바닥까지 발을 디뎌 보라.

슬픔은 밖으로 표현되어야 한다. 고통과 슬픔은 오직 밖으로 표현될 때만이 충분히 실감할 수 있다. 나에게 편지를 써라. 도무지 용서가 되지 않는 마음과 행동을 한 자신을 떠올려 보라. 자신을 비참하게 내버려 둔 것을 떠올려 보라. 자신을 향해 얼마나 많은 비난을 퍼부었는가? 나 자신을 슬퍼하고 애도하라. 용서가 일어날 때까지.

4. 불의 의식

편지를 읽고 불태운다. 옹기단지에 편지를 넣고 의식을 행한다.

메뉴 09
물건들이 나에게 하는 이야기

정리할 물건, 유산배분, 연명 치료 등 현실적인 문제를 이야기한다.
물건이 하는 이야기를 듣고 나의 삶을 돌아보며
현실적인 방안을 만들어보는 시간

메뉴 09
물건들이 나에게 하는 이야기

소설 속 명탐정 셜록홈즈는 피해자가 사용했던 물건을 보는 것만으로 그의 성격과 그 당시 상황을 유추해 낸다. 어떤 신발을 자주 신는지, 어떤 색 옷을 좋아하는지 등. 우리가 쓰는 물건은 생각보다 많은 부분 우리의 삶을 보여준다.

호랑이는 죽어서 가죽을 남기고 사람은 죽어서 이름을 남긴다. 하지만 역사에 이름을 남기는 사람이 얼마나 될까. 대부분의 사람은 자신이 쓰던 물건을 남기는 것이 고작이다. 우리는 이를 '유품'이라고 부른다. 불후의 명곡이라는 음악프로그램에 나와 '가족사진'이라는 곡을 부른 가수 김진호는 일찍 세상을 떠난 아버지의 사진과 구두를 보며 곡을 지었다고 말했다. 당신이 아끼고 당신을 대표하는 물건은 무엇인가? 당신이 남기고 싶은 물건은 무엇인가?

인생요리실습23: 물건 이야기

물건 이야기

자신이 가장 아끼는 물건과 그 이유는?

내가 죽어서도 남기고 싶은 물건과 그 이유는?

재산상속을 위해 부모를 살해하고, 유산 분배로 인한 형제자매 간의 갈등이 심해진다는 뉴스를 종종 접한다. 유산상속의 법적 내용에 대해 먼저 알아보도록 하자.

1순위: 피상속인(사망자)의 직계비속·배우자
2순위: 피상속인의 직계존속·배우자
3순위: 피상속인의 형제자매
4순위: 피상속인의 3촌·4촌 이내의 방계혈족

유산상속 배분 절차를 진행하기 위해서는 가장 먼저 사망신고를 해야 한다. 사망한 분의 가족이라면 누구나 가까운 주민센터에서 사망신고를 할 수 있다. 사망신고 후 처리되기까지는 약 3~7일 정도의 기간이 소요되며, 또한 이를 지체하면 과태료가 부과된다.

유산상속에 앞서 사망신고를 해야 하는 중요한 이유 중 하나는 상속재산의 조회를 신청하기 위함이다. 2015년부터 시행되고 있는 안심상속원스톱서비스를 신청하기 위해서는 반드시 사망신고가 되어 있어야 하기 때문이다. 위 서비스를 신청하면 회신이 오는 데까지 부동산의 경우 약 7일, 금융재산의 경우 약 2~3주 정도의 기간이 소요된다. 이로써 배분할 상속재산을 파악하게 된다.

유류분이란?
상속인 중 법정상속분 이상의 재산을 증여(또는 유증) 받은자에 대하여 다른 상속인들이 일정비율의 상속재산의 반환을 청구할 수 있는 제도로서, 상속재산을 증여(또는 유증)받지 못한 상속인들에게 최소한의 권리를 확보해주기 위한 것을 말한다.

기여분이란?
피상속인(사망자)을 부양하거나 피상속인의 재산의 유지 및 증가에 기여한 자에 대하여 그 상속재산에 대한 상속분을 계산할 때 감안해 주는 것을 말한다.

상속재산분할청구란?
상속재산에 대하여 공동상속인들 사이에 분할협의가 이루어지지 않거나 협의를 할 수 없는 경우에 공동상속인 중 누군가가 나머지 공동상속인들을 상대로 가정법원에 상속재산에 대한 분할을 청구하는 것을 말한다.

우리나라는 부모의 유산을 당연히 자식이 받아야 한다는 문화가 자리 잡고 있다. 하지만, 어린 시절부터 자녀의 독립을 강조하는 서양 문화권의 부자로 뽑히는 워렌 버핏과 빌 게이츠는 자녀에게 모든 재산을 상속하지 않을 계획이라고 공언한 바가 있다.

자식에게 유산을 물려주는 방법으로 각 자녀에 맞게 특정 비율로 유산을 물려주는 방식과 함께 그것이 지켜지지 않을 시 트러스트(Trust)를 설립하는 방법이 있다.

자녀에게 상속재산을 물려주면서 재산이 부모의 뜻대로 쓰일 수 있게 하는 방법이 바로 트러스트를 설립하는 것인데 신탁관리인(Trustee)에게 권한을 주어 상속 재산을 낭비하지 않게끔 미리 예방할 수 있다. 신탁관리인은 신탁에 이전된 재산의 투자, 회계 보고에 대한 책임을 가지며 자녀를 위한 재산분배에 대한 결정 권한이 있다. 즉 부모가 이 신탁에 자녀가 재산을 어떻게 사용하기 원하는지 명시하여 그 조건에 따라 재산이 사용될 수 있게 하고 자녀가 상속재산으로부터 돈을 요구할 때 신탁관리인은 부모가 정해 놓은 조건에 따라 이 요구를 거부 및 허용하는 것이다.

당신은 자신의 재산을 어떻게 하고 싶은가.

인생요리실습24: 유산

유산

유산을 상속한다면 어떻게 상속할 것인가?

유산을 사회에 기부한다면 어떻게 기부할 것인가?(재단, 쓰이는 목적 등)

죽음은 우리의 지척에 있다. 자동차를 탈 때마다, 횡단보도를 건널 때마다, 뭔가를 먹을 때마다, 그것이 당신의 마지막 행위가 될 수 있다. 당신이 매 순간 하는 모든 행위가 누군가 가 죽는 순간에 했던 마지막 행위임을 당신은 아는가?

...

당신이 무엇을 하든 그것을 하다가 죽은 사람이 틀림없이 있다.

— 마이클 싱어 '상처받지 않는 영혼'

죽음 이후의 세상을 모르는 우리에게 죽음은 두려운 대상이다. 하지만, 이보다 더 잔인한 것이 있으니 몸과 정신의 죽음이 일치하지 않을 때이다. 정신은 선명하게 살아있으나 몸이 움직여지지 않을 때, 혹은 정신은 이미 떠났으나 몸이 아직 남아 있을 때를 상상해 본 적이 있는가. 가까운 병원의 중환자실을 찾는다면 어렵지 않게 위의 경우를 목격하게 될 것이다. 그리고 그 일은 비단 남의 일만은 아니다.

과거에는 뇌사상태에 빠진 경우 등 회복이 불가능한 상태의 환자라 할지라도 연명치료 장치의 중단이 불가능하였다. 그런데 2009년 대법원은 일정한 경우에 연명치료 중단을 허용하였다. 만약에 환자가 연명치료 상태에 이르기 이전에 미리 연명치료 거부에 대한 의사를 밝힌 바가 있는 경우뿐만 아니라 그러한 의사를 밝힌 바는 없지만 환자 본인의 의사를 추정할 수 있는 경우 치료 중단이 가능하다.

최근 '웰다잉법'이 대두되고 있다. 이는 회생 환자가 자기의 결정이나 가족의 동의로 연명치료를 받지 않을 수 있도록 하는 법이다. 정식 명칭은 '호스피스·완화의료 및 임종 과정에 있는 환자의 연명의료 결정에 관한 법'으로 호스피스 분야는 2017년 8월 4일, 연명의료 분야는 2018년 2월 4일부터 시행된다.

호스피스 대상이 되는 말기 환자는 해당 분야 전문의 1명이 ▷임상적 증상 ▷다른 질병 또는 질환의 존재 여부 ▷약물 투여 또는 시술 등에 따른 개선 정도 ▷종전의 진료 경과 ▷다른 진료 방법의 가능 여부 기준을 종합적으로 고려해 진단하게 된다. 말기 암 환자에 한정되어 있던 호스피스 완화의료 대상자는 후천성면역결핍증(AIDS), 만성폐쇄성호흡기질환, 만성간경화 말기 환자에까지 확대되었다.

연명의료 중단은 회생 가능성이 없고, 치료해도 회복되지 않으며, 급속도로 증상이 악화되어 사망에 임박해 임종 과정에 있는 환자를 대상으로 심폐소생술, 혈액 투석, 항암제 투여, 인공호흡기 착용 등 네 가지 연명의료를 중단하여 존엄하게 죽음을 맞이할 수 있도록 하는 내용을 골자로 한다.

* 각국의 '웰다잉법' 세부내용

분류	한국	미국	대만	네덜란드
연명의료 중단	사망임박 (임종까지 2주)	말기상태 (임종까지 6개월)	사망임박	말기상태
중단할 수 있는 의술의 종류	심폐소생술, 인공호흡기 착용, 혈액투석, 항암제투여 등 4가지	생명보조장치, 영양 공급 중단도 허용	심폐소생술	약물로 인한 적극적 안락사 허용
의식 없는 환자의 의사확인	가족 2명 이상의 일치되는 진술	미리 정한 대리인의 결정	미리 정한 대리인의 결정	본인이 의사 밝혀야 함

'웰다잉법'은 각 나라마다 상이하게 시행되고 있으며 그 기준과 범위 또한 모두 다르다. 아래 표를 참고하여 우리나라와 다른 나라들에 대해 알아보도록 하자.

우리는 어떻게 죽음을 맞이할지 알 수 없다. 오히려 고통 없이 이 세상을 떠날 수 있다면 그것이 행복한 죽음일지도 모른다. 한국 통계청 자료에 의하면, 2022년 우리나라 사람의 사망 원인 1위는 암이다. 사망 원인 9위인 교통사고가 갑작스러운 죽음인 것과는 대조적으로, 암은 수개월에서 수년에 걸친 투병 과정이 두렵고 고통스럽기는 하지만, 한편으로는 자신의 삶을 정리할 수 있는 시간이 주어진다. 그럼에도 불구하고 회복이 불가능한 많은 말기 암 환자들이 임종이 얼마 남지 않은 시점에서 물리적인 수명 연장을 위해 중환자실로 들어간다.

어느 신문에 실린 기사에 의하면, 뉴질랜드에 사는 79세의 할머니가 '쓰러져도 날 살리지 말라'는 문신을 가슴에 새겼다고 한다. 자신이 의식을 잃고 쓰러졌을 때 심폐소생술을 하지 말아 달라는 내용이었다. 이 노인은 의사 표현을 약자로 쓰면 혹시라도 구급대원이 이해를 못 할까봐 문장 전체를 문신으로 새겼고, 또 앞으로 쓰러졌을 경우 가슴의 문신을 못 볼 가능성에 대비해 어깨 뒤편에 '앞으로 뒤집어 보시오'라는 문신까지 새겨 놓았다고 한다. 사전연명의료의향서에 자신의 의사를 미리 밝혀놓았어도 막상 심장질환이나 뇌졸중으로 쓰러져 병원에 실려 가면 의료진이 무작정 심폐소생술을 시도할 가능성이 많기 때문에 이렇게 세심한 준비를 해놓았던 것이다.

인생요리실습25: 연명치료

연명치료

당신은 연명치료에 대해 어떻게 생각하는가?

당신이 연명치료를 받게 될 상황이라면 어떤 선택을 할 것이며 그 이유는?

사전연명의료의향서

※ 색상이 어두운 부분은 작성하지 않으며, [　]에는 해당되는 곳에 √표시를 합니다.

등록번호		※ 등록번호는 등록기관에서 부여합니다.	
작성자	성 명		주민등록번호
	주 소		
	전화번호		
호스피스 이용	[ ] 이용 의향이 있음　　　　　[ ] 이용 의향이 없음		
사전연명의료 의향서 등록기관의 설명사항 확인	설명 사항	[ ] 연명의료의 시행방법 및 연명의료중단등결정에 대한 사항 [ ] 호스피스의 선택 및 이용에 관한 사항 [ ] 사전연명의료의향서의 효력 및 효력 상실에 관한 사항 [ ] 사전연명의료의향서의 작성·등록·보관 및 통보에 관한 사항 [ ] 사전연명의료의향서의 변경·철회 및 그에 따른 조치에 관한 사항 [ ] 등록기관의 폐업·휴업 및 지정 취소에 따른 기록의 이관에 관한 사항	
	확인	위의 사항을 설명 받고 이해했음을 확인합니다. 　　　년　　월　　일　　　　　성명　　　　(서명 또는 인)	
환자 사망 전 열람허용 여부	[ ] 열람 가능　　　　[ ] 열람 거부　　　　[ ] 그 밖의 의견		
사전연명의료 의향서 등록기관 및 상담자	기관 명칭		소재지
	상담자 성명		전화번호

　본인은 「호스피스·완화의료 및 임종과정에 있는 환자의 연명의료결정에 관한 법률」 제12조 및 같은 법 시행규칙 제8조에 따라 위와 같은 내용을 직접 작성했으며, 임종과정에 있다는 의학적 판단을 받은 경우 연명의료를 시행하지 않거나 중단하는 것에 동의합니다.

　　　　　　　　　　　　　작성일　　　　　　　년　　월　　일
　　　　　　　　　　　　　작성자　　　　　　　　(서명 또는 인)
　　　　　　　　　　　　　등록일　　　　　　　년　　월　　일
　　　　　　　　　　　　　등록자　　　　　　　　(서명 또는 인)

210㎜×297㎜[백상지(80g/㎡) 또는 중질지(80g/㎡)]

유의사항

1. 사전연명의료의향서란 「호스피스·완화의료 및 임종과정에 있는 환자의 연명의료 결정에 관한 법률」 제12조에 따라 19세 이상인 사람이 자신의 연명의료중단등결 정 및 호스피스에 관한 의사를 직접 문서로 작성한 것을 말하며, 호스피스전문기관 에서 호스피스를 이용하려는 경우에는 같은 법 제28조에 따라 신청해야 합니다.
2. 사전연명의료의향서를 작성하고자 하는 사람은 보건복지부장관이 지정한 사전연 명의료의향서 등록기관을 통하여 직접 작성해야 합니다.
3. 사전연명의료의향서를 작성한 사람은 언제든지 그 의사를 변경하거나 철회할 수 있으며, 이 경우 등록기관의 장은 지체 없이 사전연명의료의향서를 변경하거나 등 록을 말소해야 합니다.
4. 사전연명의료의향서는 ① 본인이 직접 작성하지 않은 경우, ② 본인의 자발적 의 사에 따라 작성되지 않은 경우, ③ 사전연명의료의향서 등록기관으로부터 「호스 피스·완화의료 및 임종과정에 있는 환자의 연명의료결정에 관한 법률」 제12조제2 항에 따른 설명이 제공되지 않거나 작성자의 확인을 받지 않은 경우, ④ 사전연명 의료의향서 작성·등록 후에 연명의료계획서가 다시 작성된 경우에는 효력을 잃습 니다.
5. 사전연명의료의향서에 기록된 연명의료중단등결정에 대한 작성자의 의사는 향후 작성자를 진료하게 될 담당의사와 해당 분야의 전문의 1명이 모두 작성자를 임종 과정에 있는 환자라고 판단한 경우에만 이행될 수 있습니다.

210mm×297mm[백상지(80g/㎡) 또는 중질지(80g/㎡)]

연명의료계획서

※ 색상이 어두운 부분은 작성하지 않으며, [　]에는 해당되는 곳에 √표를 합니다

| 등록번호 | | ※ 등록번호는 의료기관에서 부여합니다. |

환자	성 명	주민등록번호
	주 소	
	전화번호	
	환자 상태 [ ] 말기환자　　　[ ] 임종과정에 있는 환자	

담당의사	성 명	면허번호
	소속 의료기관	

호스피스 이용	[ ] 이용 의향이 있음	[ ] 이용 의향이 없음

담당의사 설명사항 확인	설명 사항	[ ] 환자의 질병 상태와 치료방법에 관한 사항 [ ] 연명의료의 시행방법 및 연명의료중단등결정에 관한 사항 [ ] 호스피스의 선택 및 이용에 관한 사항 [ ] 연명의료계획서의 작성·등록·보관 및 통보에 관한 사항 [ ] 연명의료계획서의 변경·철회 및 그에 따른 조치에 관한 사항 [ ] 의료기관윤리위원회의 이용에 관한 사항
	확인 방법	위의 사항을 설명 받고 이해했음을 확인하며, 임종과정에 있다는 의학적 판단을 받은 경우 연명의료를 시행하지 않거나 중단하는 것에 동의합니다. [ ] 서명 또는 기명날인　년　월　일 성명　(서명 또는 인) [ ] 녹화 [ ] 녹취 ※ 법정대리인　년　월　일　성명　(서명 또는 인) (환자가 미성년자인 경우에만 해당합니다)

환자 사망 전 열람허용 여부	[ ] 열람 가능　　　[ ] 열람 거부　　[ ] 그 밖의 의견

「호스피스·완화의료 및 임종과정에 있는 환자의 연명의료결정에 관한 법률」제10조 및 같은 법 시행규칙 제3조에 따라 위와 같이 연명의료계획서를 작성합니다.

년　　　월　　　일

담당의사　　　　　　　　　　　(서명 또는 인)

210mm×297mm[백상지(80g/㎡) 또는 중질지(80g/㎡)]

---

1. 연명의료계획서란 「호스피스 · 완화의료 및 임종과정에 있는 환자의 연명의료결정에 관한 법률」 제2조제8호에 따라 말기환자 또는 임종과정에 있는 환자의 의사에 따라 담당의사가 환자에 대한 연명의료중단등결정 및 호스피스에 관한 사항을 계획하여 문서로 작성하는 것을 말합니다.
2. 환자는 연명의료계획서의 변경 또는 철회를 언제든지 요청할 수 있으며, 담당의사는 해당 환자의 요청 사항을 반영해야 합니다.

210mm×297mm[백상지(80g/㎡) 또는 중질지(80g/㎡)]

죽음을 맞이하는 나의 의견

– 의학적 치료에 관한 사전의료의향서(事前醫療意向書) –

본인(이름:)은 의식이 명료한 만 20세 이상의 성인입니다.
본인이 작성한 "사전의료의향서"는 담당 의사의 판단에 따라 의학적 치료에 대한 본인의 의사(意思)결정능력이 상실된 경우에 사용될 것입니다. 다만 본인이 어떤 상황에 처하든 청결하고 편안하게 지낼 수 있는 각종 서비스는 언제라도 제공받기 원합니다.
본인은 언제라도 사전의료의향서를 변경하거나 철회 또는 파기할 수 있음을 알고 있습니다.

1. 적용시기 선택

　□ 본인이 무의식상태로 의식회복이 불가능하다고 의료진이 판단한 경우(소위 지속적 식물인간상태)

　□ 본인이 비교적 단기 내 사망가능성이 있으며 의료진이 불치 또는 불가역적 상태로 판단한 경우(소위 질병의 말기 상태)

　□ 본인이 뇌사판정기준 및 뇌사판정절차에 따라 뇌 전체의 기능이 되살아날 수 없는 상태로 정지되었다고 의료진이 판단한 경우(소위 뇌사상태)

2-1. 사전 의료 의향 선택

　□ 본인은 질병의 말기상태로 그 회복이 불가능하다고 의료진이 판단한다면 각종 생명유지 장치의 사용을 원하지 않습니다.

　□ 본인은 완화치료가 필요하다고 의료진이 인정하는 경우에 한하여 이를 받아들이겠습니다.

　□ 본인은 의료진의 판단에 따라 더 이상의 치료가 불필요하다

면 이를 중단하고 가족들과 함께할 수 있는 임종실이나 가정
에서 죽음을 맞이하기 원합니다.

2-2. 치료법 및 검사 선택

　　□ 원합니다.　　□ 원하지 않습니다. - 3번으로

본인이 본인의 치료 등에 의견을 표시할 능력이 없게 되면 다음과
같이 실천해주기를 바랍니다.

의학적 치료 종류	원합니다	원하지 않습니다	대리인에게 위임합니다	결정하지 못했습니다
체온, 배변/배뇨, 욕창				
수분·산소 공급				
영양공급				
진통제 투여				
항생제 투여				
심폐소생술				
인공호흡기 적용				
혈액 투석				
수혈				
항암제 투여				
고단위 항생제 투여				

3. 대리인 지정

본인이 의학적 치료에 관한 의사결정능력을 상실할 경우에 대비하
여 대리인을 지정합니다.

대리인	성 명:	관 계:
	연락처:	(주소, 주민등록번호)

위 대리인은 평소 본인의 생명에 대한 가치관을 충분히 이해하고 있으며, 본인이 최선의 이익에 부합하도록 행위 해야 하는 의무를 지니고 있습니다. 또한 본인이 원할 경우 언제든지 대리인을 변경 또는 철회할 수 있다는 것을 알고 있습니다.

4. 유효기간 선택

　　□ 원합니다.　　　□ 원하지 않습니다. - 5번으로

본인이 작성한 사전의료의향서는 20　년　월　일부터 20　년　월　일까지 효력을 가집니다.

5. 원본 및 사본 관리

본인이 작성한 사전의료의향서의 원본을 다음과 같이 보관하겠습니다.

원 본 보 관	장 소:	연락처:
	기 간: 20　년　월　일부터 20　년　월　일까지	

본인이 작성한 사전의료의향서의 사본을 다음과 같이 보관하기를 바랍니다.

　　□ 원하지 않습니다.　　□ 생명윤리정책연구센터　　□ 기타 다른 곳

사 본 보 관	장 소: 생명윤리정책연구센터	연락처: 02-2228-2670~2
	기 간: 20 년 월 일부터 20 년 월 일까지	

사 본 보 관	장 소:	연락처:
	기 간: 20 년 월 일부터 20 년 월 일까지	

6. 추가사항

기재하고 싶은 내용을 자유롭게 적어주십시오(예: 인공심박조율기 삽입, 장기기증 여부 등)

작성자	성 명:	연락처:	서 명 (인)
	주민등록번호:		

입회인	성 명:	연락처:	서 명 (인)
	주민등록번호:		

서명일시	20 년 월 일 시 분

※ 이 사전의료의향서는 본인의 의사(意思)에 따라 언제라도 변경 또는 철회가 가능합니다.

죽음을 대비하여 자신의 장기를 필요한 사람들에게 기증하겠다는 사람들이 늘고 있는 추세다. 이곳에서는 장기기증에 대한 내용을 알아보도록 하겠다.

1. 장기기증에 나이제한이 있나요?
- 나이가 적고 많음은 장기기증과 관계가 없으며, 장기의 상태가 연령보다 더 중요함
- 술을 즐기지 않는 60세 간이, 젊은 알코올 중독보다 간 이식을 하기에 적합함

2. 1명의 장기기능으로 몇 명을 살릴 수 있나요?
- 기증자에 따라 다르지만 우리나라에서는 뇌사자 1명이 평균 3.2개의 장기를 기증함
- 뇌사상태에서 장기를 기증하는 경우 심장, 간, 신장, 췌장, 폐, 소장 등의 이식이 이루어지고 있으며 그 외에도 각막, 피부조직, 뼈의 기증도 가능함

3. 뇌사자의 장기기증은 어떤 절차로 진행되나요?
- 뇌사추정자 발생 ▷가족상담 및 기증동의 ▷뇌사판정 및 뇌사관리 ▷적합한 이식대상자 선정 및 장기이식 ▷이식 후 지원(장제비 및 유족 예우)

4. 장기기증을 결정하고 나면 치료에 소홀해지는 것은 아닌가요?
- 그렇지 않음. 기증자의 치료에 참여하는 의사들은 장기이식팀과 완전히 분리되어, 뇌사상태가 확진될 때까지 최선을 다해 가능한 모든 치료를 시행함

5. 장기를 기증할 경우 신체가 많이 훼손되지 않나요?
- 물론 생존 시와 같지는 않겠지만, 모습 보존을 위해 보형물 등을 사용하여 신체의 변형을 최소화하며, 복부와 흉벽에 긴 수술 자국이 남으나 염을 하거나 입관하는 과정에 전혀 문제 없음. 장기적출에 관여하는 의료진들은 최대한의 존경심을 가지고 공손하고 조심스럽게 기증자의 시신을 수습함

6. 장기기증 시 비용이 들지 않나요?
- 뇌사자로 추정되어 장기기증을 결정하게 되면, 뇌사판정 이후의 경비는 모두 장기구득기관(OPO)에서 처리하기 때문에 유가족들이 뇌사판정 이후의 경비를 부담하는 일은 없음
- 생체기증자의 장기기증의 경우, 장기기증을 위한 모든 검사비용과 수술비용은 수혜자가 부담함
* 생체장기기증: 살아있는 사람이 이식을 위해 장기 또는 장기의 일부를 다른 사람에게 기증하는 것.

7. 내가 장기기증 희망등록을 하면, 무조건 장기기증을 진행해야 하나요?

장기기증 희망등록을 하더라도 나눔에 동참한다는 의사표현을 하는 것일 뿐, 바로 장기기증자가 되는 것은 아님. 실제로 뇌사상태가 되어 기증 시점이 와도 고인의 의사를 존중하되, 가족의 기증 동의를 얻어야만 장기기증을 진행할 수 있음. 때문에 장기기증 희망자 카드를 발급받으면 가족들에게 자신의 희망을 밝히고 본인의 의사를 이해하게 해주는 것이 필요함

8. 장기기증 시, 유가족에 대한 지원제도는 없나요?

장기 등 이식에 관한 법률 제32조 및 같은 법 시행규칙 제26조 규정에 의거하여, 정부는 예산 범위 내에서 아래와 같은 기증자 지원제도를 시행하고 있음

① 뇌사자 장기기증자 및 인체조직기증자 지원금 지급

뇌사자 장기기증자 및 인체조직기증자 유족에게 장제비 등 지원금 지급(장례지원 서비스 or 사회단체의 기부 선택가능)

② 살아있는 사람으로서 장기등기증자 등록을 한 경우 검진 진료비 지급

- 이식대상자를 지정하지 않고 간장, 신장 등 장기를 이식한 경우, 이식 후 1년 동안 정기검진 진료비 지원

- 사전검진 후 본인의 의사가 아닌 사유로 기증이 이루어지지 않은 경우, 사전검진 진료비 지급

임종예습

"아버지 저의 영혼을
당신 손에 맡기나이다."

시늉만 했지 옳게 섬기지는 못한
그분의 최후 말씀을 부지중 외우면서
나는 모든 상념에서 벗어난다.

또 숨이 차온다.

— 구상 '임종예습'

메뉴 10

되살리는 나의 감각
'다시 태어난다면'

내가 다시 태어난다면
나는 어떤 삶을 살고 싶은가?

메뉴 10
되살리는 나의 감각
'다시 태어난다면'

　인생은 한 번뿐이다. 죽음에 임박해서야 '~했더라면' '~ 삶을 살았더라면' 하고 후회한다. 흔히 우리는 다음 생에서는 어떠한 삶을 살고 싶다는 미련을 남긴다. 그것은 젊은이나 노인이나 상관없이 마음의 바람을 담아서 흔히 하는 이야기이다.

　'나는 사진작가가 되고 싶었다. 나는 여행가가 되고 싶었다. 나는 내셔널지오그래픽 사진작가가 되어서 오지를 여행하는 삶을 살고 싶었다. 나는 세계각지에서 1년씩 살아보기를 하고 싶었다. 나는 우주여행을 하고 싶었다.' 이런 것들이 생각으로만 존재할 때 어느 날 문득 '왜 지금 삶에는 안 되지?'라는 강한 의문이 들었다. 유럽의 노천카페테라스에서 커피를 마시고 싶다면 지금 당장 그 비슷한 카페를 찾아서 분위기를 즐기면 되는 것이 아닌가. 비록 장소는 다르지만 그것이 출발점이 될 수 있겠다는 생각이 들었다.

과감히 투자해서 카메라를 샀다. 비록 사진작가는 아닐지라도 좋아하는 일을 남에게 허락받을 것은 아니다. 꽤 비싼 사양을 가진 수동식 전문가용이었다. 카메라가 생기니 이곳저곳 닥치는 대로 출사를 다니면서 촬영을 하였다. 사물들이 달라 보이기 시작했다. 전문용어로 말하면 접사촬영에서 광각촬영까지 아주 작은 것에서부터 아주 큰 것까지 시야가 넓어졌다. 세상을 보는 눈이 달라진 것이다. 사람을 보는 눈도 내면과 외면을 함께 볼 수 있는 균형감이 생겨났다.

카메라를 가지고 이제는 세계를 여행하기 시작했다. 아시아에서 북미, 유럽대륙까지 모든 것을 담아내었다. 그 기간 동안만큼은 내가 살아 있다는 것이 생생하게 느껴졌다. 돈이 있어서 시간이 남아서 떠난 것이 아니었다.

파울로 코엘료의 유명한 이야기가 있다.
"아니, 여행을 다니는 게 얼마나 신나는 일인데요! 유감스럽지만 전 그럴 돈이 없지만요."
여행은 언제나 돈의 문제가 아니고 용기의 문제다. 오랜 시간 나는 히피로 세상을 떠돌았다. 돈이 어디 있었겠는가? 한 푼도 없었다. 간신히 차비만 감당할 정도였지만 나는 그때를 내 젊은 날의 황금기로 꼽는다.
— '알레프'

여기에 나는 이렇게 덧붙인다.
'나는 아직 젊은가 보다. 다행이다. 스스로를 뒷방 늙은이로 취급하지 않으니까. 비싼 직항보다는 저렴한 비행기를 몇 번이나 갈아탄다.

한나절이면 충분한 거리를 2~30시간으로 경유해 가면서 비용도 줄이고 중간 기착지에서 다른 도시를 덤으로 여행한다. 그러다가 경유지에서 시간에 쫓기어 간혹 비행기를 놓치는 경우도 있다. 그것이 순간으로는 불안감과 긴장감을 주기는 하지만 여행 전체를 놓고 볼 때는 추억으로 남는다. 택시는 엄두를 내어 본적이 없고 공항에서 도시까지 버스 편이 없어 3시간을 걷는다. 식성도 바뀐다. 먹기 싫어하는 빵조각으로 끼니를 때우고, 숙소가 구해지지 않는 날엔 길거리에서, 바닷가 해변에서 노숙을 청한다. 나는 파울로코엘료의 이야기가 무엇인지 너무나 잘 알고 있다. 여행은 돈의 문제가 아니고 용기의 문제다. 그리고 시간의 문제도 아니다. 나는 지금이 내 젊은 날의 황금기이다.'

세계 각지에서 일 년씩 살아보기는 지금도 그 꿈을 이루지는 못했다. 다만 한 달 살기는 가능한 삶을 살게 되었다. 직장을 그만두고 학생들을 가르치는 직업으로 바뀌면서 방학이란 것이 생겨났다. 방학을 이용하면서 세계 각지에서 한 달 살기를 통해 은퇴 후 일 년 살기의 기초를 다지고 있다. 이럴 때 사람들은 묻는다. "아니 결혼 안 하셨어요? 부인은요?"

물론 결혼은 했다. 처음에 한 달 살기 여행을 시작했을 때 많은 저항이 있었다. 비난도 많이 감수해야 했다. 중요한 것은 더 큰 자유를 위해 작은 자유는 포기해야 한다는 것이다. 여기서 말하는 더 큰 자유는 한 달 살기이고 작은 자유는 일상생활에서 가정에 충실해야 한다는 것이다. 집안일을 하고, 주말을 함께 지내고, 분기별로 가족들과 짧게 해외여행을 함께 다녀야 한다는 것이다. 사람마다 여행의 패턴은 다르다. 나는 자유여행을 선호하고 가족들은 패키지를 선호한다. 나는 패키지여행을 그동안의 경험으로 대신 진행해준다. 가고 싶은 곳을 정하고, 숙소를 정하고, 다른 장소로 이동할 때 선택권을 가족에게 물어보고 전체 일정의 가이드가 되어준다. 다시 말해 그들이 여행에서 원하는 것을 최대한 맞추어낸다.

내가 딱히 선호하는 패턴은 아니지만 가족들의 만족도는 실로 엄청나다. 심지어는 지인들에게까지 소개되어서 가이드 역할로 함께 다니는 경우도 많이 생겨난다. 이것들을 다 감내한 후에 얻어내는 큰 자유는 누릴 만하지 않은가?

우주여행은 아직까지 상상의 영역으로 남아있다. 정말 보고 싶은 곳은 우리 은하와 가장 가까운 안드로메다은하이다. 흔히 사람은 죽는 순간에 영혼이 분리된다고 한다. 아직 육체 속에 영혼의 느낌이 남아 있는 그 죽음의 순간에 깨어 있기를 바란다. 충분히 의식을 가지고 죽음을 맞이하면 아마도 내 영혼은 안드로메다의 모습을 보여줄 것이라 믿는다.

마지막으로 여생의 마지막 통합단계에서 죽음을 앞둔 86세의 노인이 깨달은 이야기를 아름다운 시로 소개한다.

'내가 다시 세상을 살 수 있다면, 다음번에는 실수를 두려워하지 않을 거야.

아주 완벽해지려고 애쓰지 않겠어. 훨씬 느긋해질 거야. 융통성도 가질 거야.

그럭저럭 사느니 차라리 어리석어지겠어. 사실 알고 보면 정말 심각한 일은 얼마 안 되거든.

더 미친 듯이, 조금 덜 위생적으로 사는 거야.

더 많은 기회를 얻고, 더 많은 곳을 여행하고, 더 많은 산에 오르고, 더 많은 강을 헤엄쳐 건너고 한 번도 가보지 못한 곳에 더 많이 가보고 싶어.

아이스크림은 더 많이 먹고 콩은 조금만 먹을 거야.

현실의 고통은 더 겪더라도 상상 속의 고통 따위는 겪지 않을 거야.

나는 매일 매시간을 예방하고 예측하며 살았던 사람이야.

체온계 없이는, 보온병 없이는, 치약 없이는, 우산 없이는 아무 데도 가지 않았어.

시간을 되돌릴 수만 있다면, 지나간 순간들을 되찾을 수만 있다면 가벼운 차림으로 여행을 떠날 거야.

다시 태어난다면 이른 봄에는 맨발로 풀을 밟고, 가을에는 그 향기에 젖어들겠어. 회전목마도 더 많이 타고, 해 뜨는 광경도 더 자주 지켜보고, 손자들과도 더 자주 놀겠어.'

— 네이딘 스테어 Nadine Stair, 86세

원래 시는 '안전 강박'적인 삶에 대해 후회하는 내용인데, 더 행복해지기 위해, 삶에서 더 많은 것을 얻기 위해 세상을 바꿀 필요가 없음을 마지막 순간에 깨달은 것이다. 세상은 이미 아름답다. 바꿔야 할 것은 그 자신이었다.

우리는 다시 태어난다고 가정할 때 취하는 그 삶의 양식은 다양하다. 다만 그것을 관통하고 있는 정신은 공통점이 있다는 것을 알게 된다. 행복, 사랑, 자유가 그것이다. 그것에 대한 각자의 시를 써보라.

인생요리실습26: 내가 다시 세상을 살 수 있다면

더 자주 여행을 다니고,
더 자주 노을을 보리라.
데이지 꽃도 더 많이 보리라.

인생요리실습27: 버킷리스트 옮겨 적기

- 3주차에 실시한 버킷리스트를 옮겨 적고, 실행한 것 확인하고
새로운 것 추가하기

옮겨 적기

실행한 것	추가할 것

인생요리실습28: 20가지 인생

만일 당신이 다섯 가지 인생을 살수 있다면 각각 어떤 인생을 살고 싶은가? 나는 조종사나 목동, 물리학자, 무당, 수도승이 되고 싶다. 당신은 잠수부나 경찰, 동화작가, 축구선수, 배꼽춤을 추는 무희, 화가, 행위예술가, 역사 선생님, 의사, 과학자, 평화봉사단원, 심리학자, 어부, 장관, 자동차수리공, 목수, 조각가, 변호사, 컴퓨터해커, 연극배우, 포크송 가수, 드럼연주자 등 무엇이든 될 수 있다. 그것이 무엇이든 적어둔다. 이 가상의 인생에서 포인트는 그 삶 자체가 재미를 갖고 있다는 것이다. 당신이 적어놓은 것 가운데 하나를 골라 이번 주에 그것을 해본다. 예를 들어 포크송 가수를 적었다면 기타를 쳐보자. 축구선수가 되고 싶다면 공을 가지고 공원에 나가보자. 운 좋으면 조기축구회를 만날 수도 있다. - 줄리아카메룬 '아티스트 웨이'

20가지 가상의 삶	
중요한 삶	가능한 삶
절대 불가능한 삶	

인생요리실습29: 가상의 삶 계획 세우기

－절대 불가능한 것도 포함하라(꿩 대신 닭이라도 적어보라).

가상의 삶	무엇을 갖추고 있는가?	무엇이 더 필요한가?	시작시기	황금기
ex) 사진작가	- 카메라 - 용기	- 포토샵 능력 - 블로거, 유튜버 입문 - 학원	20 년 월	20 년 월

메뉴 11

더 큰 자연의 일부 '축제의 비밀'

더 큰 자연의 일부가 될 나를 위한 축제

나만의 축제 기획하기

더 큰 자연의 일부 '축제의 비밀'

축제의 비밀이란 제사의 다른 표현이다. 우리는 제사를 통해서 먼저 떠나간 이를 기리고 그리움을 달랜다. 당신은 떠나갔고 비록 돌아오지 못한다 해도 전혀 해가 없다. 우리는 당신을 그리워할 것이고 당신은 우리에게 하나의 축제의 기회를 주게 되는 것이기 때문이다. 제사라는 엄숙하고 숙연한 분위기를 축제의 장으로 변화시킬 수 있는 요소는 없는지 살펴보고 자신의 제사를 축제로 기획해 보자.

당신은 죽어서 더 큰 자연의 일부가 된다. 살아 있을 때 호흡은 바람과 공기로 돌아간다. 살과 뼈는 흙이 되어 대지의 자양분이 된다. 그것을 먹고 자라난 식물은 당신의 일부를 흡수한다. 식물은 꽃과 열매로 동물들을 먹여 살리며 최종적으로 사람으로 전달된다. 당신의 형상은 자연계의 일부로 순환된다. 에너지 보존의 법칙과 엔트로피 증가의 법칙에 의해 형태만 달리할 뿐 다시 태어난다. 그러므로 이 축제는 탄생의 의미도 함께 내포하고 있다. 죽음이란 이토록 심오한

철학을 담고 있다. 살아서 유한한 시간을 보내었다면 죽어서 무한한 세계로 들어가는 것이다. 그러니 이 어찌 축제를 열지 않겠는가? 당신을 기억하는 사람들에게 1년에 한 번씩 그들에게 선물을 선사하는 것이다. 당신은 이날 돌아갔지만 이날 더 큰 자연의 일부로 태어남을 축복하라.

당신이 즐겼던 축제를 떠올려 보고 거기서 출발해 보자. 축제의 방식은 다양하다. 불특정 다수가 즐기는 축제에서부터 특정한 인물을 기리는 것도 있다. 크리스마스, 부처님 오신 날도 그러한 양식의 하나이다. 그들은 죽었지만 우리들과 함께 영원히 살아가고 있다. 동네 잔치에서 마임축제, 산천어축제, 락페스티벌축제, 머드축제, 영화축제 이루 말할 수 없이 많다. 그 어떤 것이든 좋다. 어떤 분위기를 원하는 가는 전적으로 당신에게 달려있다.

"저의 기일에는 1년에 한 번씩 모여서 닭갈비를 먹어 주세요. 그 비용은 이미 가게에 지불해 놓았어요. 제가 좋아하는 종이 꽃 공작을 모두들 만들어 주시고 남한강에다 뿌려주세요. 영아는 시를 적어서 읊어 주시고, 철은 노래를 준비해 주세요. 은이는 춤을 추어주시길 부탁해요."

"제가 더 큰 자연의 일부로 돌아간 날에 초대한 분은 꼭 1년 후에 모여 주세요. 장소는 신두리해변입니다. 나룻배를 타고 쌀국수에 고수를 듬뿍 넣어서 잔치음식으로 먹어 주세요. 한 그릇은 남겨서 제가 먹을 수 있도록 바닷가에 넣어 주세요. 고수도 듬뿍 넣어서요. 저녁에는 모닥불을 지펴서 아프리카 작대기 춤과 큰 북을 쳐 주시고 저의 몸짓과 춤을 기억해 주세요. 새벽에 일어나면 안개가 자욱할 거예요. 이것이 제가 신두리 해변을 택한 이유입니다. 새벽안개 때문에 가시거리가 1m가 되지 않을 거예요. 모두들 옷을 벗고 해변에서 춤을 추어주세요. 제가 그랬던 것 처럼요. 저는 거기에 함께 하고 있을 거예요."

"푸네 아쉬람 액티브명상 축제에서 일주일간 미친 춤을 추시고 저녁이면 달빛명상을 하세요. 이와 관련해서 저는 스와미난다와 이미 다 협의를 했고 그녀에게 일임했습니다. 그녀가 전 일정 비행기 티켓과 숙소를 미리 섭외해 두었을 것입니다. 특히 아난도, 수부티, 소피아, 마리나, 피터는 꼭 참석하시길 바랍니다."

축제의 예시

스페인: 부뇰 토마토 축제 '라 토마티나'

에스파냐 발렌시아의 부뇰에서 열리는 축제로 대형 트럭에 준비되어 있던 토마토를 푸에블로 광장에 쏟아놓고 마을 주민과 관광객이 토마토를 서로에게 던지며 즐기는 축제이다. 8월의 마

지막 주 내내 춤공연, 거리행진, 불꽃놀이가 펼쳐지는데, 토마토 던지기는 수요일의 1시간여 동안만 진행된다고 한다.

브라질: 리우 카니발

브라질의 리우데자네이루에서 열리는 축제로 포르투칼에서 브라질로 건너온 사람들의 사순절 축제와 아프리카 노예들의 전통 타악기 연주와 춤이 합쳐져 생겨난

축제인 리우 카니발은 삼바 퍼레이드가 유명하다고 한다.

아프리카: 마사이족 축제

아프리카의 케냐와 탄자니아에 걸쳐 있는 초원지역에 거주하는 마사이족의 축제로 성인식과 장로 추대식이 가장 크며, 남자들이 마을 한가운데 모여서 제자리에서 높이 뛰어오르는 '전사의 춤'을 춘다고 한다.

태국: 치앙마이 이뼁축제

축제기간 동안 사람들은 강가에서 크라통이라는 풍등을 띄우며 소원을 빌고, 거리마다 젊은이들이 퍼레이드를 하며 돌아다니는 그야말로 축제의 장이다. 하이라이트는 풍등행사다. 시간이 되면 한꺼번에 풍등을 하늘로 올려보내는 행사는 아주 장관이라고 한다.

인도: 홀리축제

매년 2월경 열리는 해피 홀리(Happy Holi) 축제는 아직도 흔적이 남아있는 카스트제도에 억압받는 여성들에게도 마음껏 색가루를 던지며 묵은 감정을 씻어내는 해방의 의미를 주기도 하고, 모

르는 사람에게도 물감을 퍼부으며 장난칠 수 있는 재밌는 축제다.

멕시코: 망자의 날

유네스코 인류무형문화유산에도 등재된 멕시코 '망자의 날'은 묘지에 묻힌 가족들이 집으로 돌아올 수 있도록 집에 오는 길에 수많은 꽃잎과 촛불로 장식을 해둔다. 사람들은 망자를 대접하는 정도에 따라 가족들에게 그해의 풍작을 기

원해 주기도하고 화를 줄 수도 있다고 믿는다. 삶과 죽음의 만남 의식은 멕시코 토착민들의 전통적 신앙과 16세기 유럽에서 유입된 세계관이 어우러져 만들어진 문화적 행위라고 한다.

춘천마임축제

춘천마임축제는 세계 3대 마임축제 중 하나로 춘천의 대표 거리예술축제이며 매년 5월 말 중앙로, KT&G 상상마당 춘천, 수변공원을 중심으로 춘천시 전역에서 축제가 진행된다. 아! 水라장, 도깨비난장, 미친 금요

일, 도깨비 어워드, 극장공연, 야외공연, 기획프로그램, 부대행사 등으로 구성된다. 아!水라장은 물폭탄을 만들어 물을 소재로 난장판을 벌이는 행사이며, 도깨비난장은 밤새 다양한 형태의 공연을 마련한 행사이다. 미친 금요일은 공지천 의암공원에서 일탈을 원하는 관객을 위해 청소년 관람불가의 공연으로 도깨비난장으로 명칭이 변경되었다.

보령머드축제

축제기간에 청정갯벌에서 진흙을 채취하여 각종 불순물을 제거하는 가공과정을 거쳐 생산된 머드분말을 이용한 머드마사지(해변셀프 마사지·첨단 머드 마사지체험)와 머드체

험행사가 운영되고 있다. 대형 머드탕·머드씨름대회·머드슬라이딩·머드교도소·인간마네킹·캐릭터인형·갯벌 극기 훈련체험·갯벌

스키대회 등 관광객을 위한 다양한 프로그램과 연계행사를 개최하여
관광객에게 볼거리와 즐길 거리를 제공하고 있다.

자라섬 재즈페스티벌

재즈의 대중화를 표방하여 세계 최정상급의 아티스트부터 국내에
소개된 적 없는 제3세계 아티스트, 실력 있는 로컬 밴드에 이르기까
지 재즈로 묶이는 모든 장르를 소화한다. 예전에는 무료로 진행되는
퀄리티 있는 무대가 많았지만 현재는 유료로 전환되었다.

인생요리실습30: 축제의 비밀 기획하기

축제형태	
초청대상 및 인원	
장소	
미리 준비해 둘 것 - 장소섭외 - 실행대리인 - 편지 - 전달하고픈 메시지 - 호텔비 - 비행기티켓 - 참가비 - 선물 - 음악 - 음식 - 뮤지션 - 생전자료 및 영상 - 프로그램 등	

인생요리실습31: 축제의 비밀 초대장 쓰기

이름	초대내용

메뉴 11. 더 큰 자연의 일부 '축제의 비밀' 161

인생요리실습32: 축제의 비밀 그리기

내가 생각하는 축제를 한 장의 그림으로 그려보자.
사진이나 그림을 모아서 더 큰 종이에 콜라주처럼 붙여보자.

메뉴 12
<u>다시 쓰는 일기</u>

다시 쓰는 일기에 무엇이 남을까?
현실적으로 남길 유서와 영상을 만드는 시간

메뉴 12
다시 쓰는 일기

유서(遺書)란 사전적 의미로는 사후를 위하여 써놓은 서면으로 작성된 유언장이라고도 한다. 유산의 처분이나 유족에 대한 훈계 등 그 내용은 여러 가지가 있을 수 있으나, 그것이 법률적으로 효력을 발생하기 위해서는 민법에서 규정하고 있는 일정한 방식에 따라야 하며, 또한 내용도 민법에 규정되어 있는 사항에 관한 것이어야 한다.

따라서 형제간에 사이좋게 지내라든가, 어느 곳에 묻어달라든가 하는 유언 등은 윤리적인 효력은 있으나 법률적인 구속력은 없다. 이홍식(2012)은 유서를 "질병 등 여러 가지 연유로 죽음에 직면했거나 죽음을 상정한 사람이 부모, 형제, 자손, 붕우, 사제 등 여러 대상 인물에게 남긴 마지막 메시지"로 정의하면서 문학적인 측면에서 유명(遺命), 유훈(遺訓), 유한(遺恨)의 세 가지로 나누고 있다.

유명(遺命)은 상장례와 제례 등의 사후 처리의 당부를 담은 유서이고, 유훈(遺訓)은 죽는 자로서의 삶에 대한 마지막 가르침을 남긴 유서이며, 유한(遺恨)은 이별의 정한을 담은 유서를 의미한다.

조선시대에 쓰였던 유서의 내용은 죽은 뒤 여러 가지 일에 대한 부탁의 말이 대부분이었다. '조상의 제사, 부부의 제사 및 자녀들의 유산분배' 등 그 내용이 현재를 사는 우리들의 유서와 크게 다르지 않음을 보여주고 있다. 조선시대 사대부의 마음으로 유서를 쓰고 싶은 사람이 있다면 낙안 읍성마을의 '유서쓰기 체험'을 권한다.

> 품위 있는 죽음을 맞이하려면,
> 스스로 죽음에 대한 충분한 준비와
> 주변사람들을 위한 배려가 있어야 한다.
> 잘 죽기를 생각하는 것은 잘 사는 방법이다.
> 당장 내일 죽을 거라 생각한다면
> 누가 오늘을 헛되이 보내겠는가.
>
> — 이병찬 '동국대 생사문화학과 교수'

낙안 읍성마을은 조선 시대의 장례문화를 그대로 재현해 놓음은 물론이고 곳곳에 삶과 죽음에 대한 글귀를 적어 놓음으로써 형식적인 체험이 아닌 진지하게 자신의 죽음을 생각해 볼 수 있는 시간과 공간을 제공해 주고 있다.

> 지금 나는 살아있는 동시에 죽어가고 있다.
> 인생의 삶과 죽음은 동전의 양면 같다.

유서쓰기 체험장에는 관이 준비되어 있고, 종이와 펜이 그 위에 배치되어 자신의 죽음을 대면하고 지금까지의 삶을 되돌아보는 체험을 할 수 있다.

생각해 봅시다.
나는 누구로부터 왔는가.
왜 존재하는가.
어떻게 살았는가.
사랑하는 가족과 친지 친구들을 위해 무엇을 어떻게 하겠는가.
무슨 말을 남길 것인가.

잘 죽기를 준비하는 자세로 다시 태어나자!
삶을 생각하지 않고서는 자신의 죽음을 준비할 수 없다.
자신의 가치를 성찰해보고,
타인을 배려하는 마음가짐을 다짐해 보자.
죽음을 준비하는 것은 생명에 감사하며 삶을 반성하고
더욱 잘 살기 위한 노력이다.

이제 우리에게 친숙한 유명인들의 유언을 알아보도록 하자. 가장 먼저 "베토벤의 하일리겐슈타트(Heiligenstadt) 유서"가 있다. 베토벤이 하일리겐슈타트(Heiligenstadt)에서 작성한 유서라 하여 이렇게 불린다.

1801년, 루트비히 판 베토벤(Ludwig van Beethoven)은 의사로부터 청각을 잃을 수도 있다는 이야기와 함께 시골에서 요양할 것을 권유받고 이듬해에 빈 교외의 하일리겐슈타트로 갔다.

베토벤은 새로운 환경에 적응하면서 자연과 시골에 애정을 느끼게 되었으나, 귓병이 전혀 차도를 보이지 않자 자포자기 상태에 빠졌고 곧 죽을지도 모른다는 불안감에 싸였다. 그래서 유서를 쓰고 자신이 죽은 후에 개봉하라는 지시문을 남겼다.

두 명의 동생 앞으로 쓴 장문의 유서에서 죽음을 맞이하는 자신의 심경을 솔직히 피력했다. 내용은 절망적이고 비참한 것으로, 그가 쓴 어떤 음악보다도 그의 심정이 잘 표현되어 있다. 절망적인 기록에서 영원히 귀머거리가 될지도 모른다 고백했고, 자살을 기도하지는 않았지만 죽음에 대비하고 있음을 선언했다. 동생에게 부치지는 않았으며, 유서는 그가 죽은 후에 발견되었다.

베토벤이 죽음을 맞이하며 절망과 고통에 휩싸였을 거라는 예상과는 달리 이곳에 머물며 작곡한 곡들은 매우 쾌활하고 낙천적이며, 그 가운데 특히 《제2교향곡》(1802)은 매력 넘치는 풍요로운 작품으로 평가된다. 그가 머물렀던 하일리겐슈타트의 집 근처에는 《제6교향곡(전원교향곡)》(1808)을 구상한 산책로와 곡을 작곡한 집도 있다.

나는 기꺼이 죽음을 만나려고 서두른다.
나의 예술적 능력을 완전히 개발할 기회를 갖기 전에 죽음이 온다면
그건 너무 일찍 죽음이 찾아온 거라고 해야겠지.
내 운명은 참으로 가혹했지만
그럼에도 난 죽음이 늦게 오기를 바라니까.
그렇게 되더라도 나는 행복할 것이다.
그러면 이 끝없는 고통으로부터 해방될 테니까 말이지.
올 테면 오라! 나는 너를 용감하게 맞이할 것이다.
안녕, 내가 죽더라도 나를 아주 잊어버리지는 말기를.
그 정도는 기대할 자격이 있겠지.

평생 나는 너희들을 자주 생각했고
너희를 행복하게 해주려고 항상 노력했으니까.
너희들도 그렇게 해주기를.
- 루트비히 판 베토벤(1802년 10월 6일 하일리겐슈타트)

종교인으로는 이해인 수녀님과 법정 스님께서 생전에 시와 책으로
남긴 유서가 있다.

소나무 가득한 솔숲에
솔방울 묻듯이 나를 묻어 주세요
묘비엔 관례대로
언제 태어나고
언제 수녀되고
언제 죽었는가
단 세 마디로 요약이 될 삶이지만
'민들레 영토'에서
행복하게 살았다고
남은 이들 마음속에
기억되길 바랍니다

- 미리 쓰는 유서 '이해인'

죽게 되면 말없이 죽을 것이지 무슨 구구한 이유가 따를 것인가.
스스로 목숨을 끊어 지레 죽는 사람이라면
의견서(유서)라도 첨부되어야겠지만,
제명대로 살 만치 살다가 가는 사람에겐
그 변명이 소용될 것 같지 않다.

그리고

말이란 늘 오해를 동반하게 마련이므로,

유서에도 오해를 불러일으킬 소지가 있다.

그러므로 나의 유서는 남기는 글이기 보다 지금 살고 있는

'생의 백서(白書)'가 되어야 한다.

그리고 이 육신으로서는 일회적일 수밖에 없는 죽음을 당해서도 실제로는

유서 같은 걸 남길 만한 처지가 못 되기 때문에

편집자의 청탁에 산책하는 기분으로 따라 나선 것이다.

— 법정스님 '무소유 中'

같은 종교인지만 이해인 수녀님과 법정 스님의 유서는 사뭇 다른 느낌이다. 간소하고 따뜻한 온기로 기도하는 삶을 사신 수녀님의 삶을 대변하듯 유서에도 수녀님의 수줍은 웃음이 느껴지는 반면 평생을 홀로 치열하게 '깨달음'을 위해 정진하시며 '무소유'를 주장하셨던 법정스님의 유서는 강직함이 그대로 드러나 있다. 어쩌면 유서란 자신의 삶을 가장 적나라하게 보여주는 최후의 문장일지도 모르겠다. 그리고 여기 온 국민을 슬픔에 잠기에 했던 유서 한 장을 더 소개하겠다.

"너무 많은 사람들에게 신세를 졌다.

나로 말미암아 여러 사람이 받은 고통이 너무 크다.

앞으로 받을 고통도 헤아릴 수가 없다.

여생도 남에게 짐이 될 일밖에 없다.

건강이 좋지 않아서 아무것도 할 수가 없다.

책을 읽을 수도 글을 쓸 수도 없다.

너무 슬퍼하지 마라.

삶과 죽음이 모두 자연의 한 조각 아니겠는가?

미안해하지 마라.

누구도 원망하지 마라.

운명이다.

화장해라.

그리고 집 가까운 곳에 아주 작은 비석 하나만 남겨라.

오래된 생각이다."

- 故 노무현 대통령 유서

살아생전 정열적이고 강직했던 그의 언변이 떠오르는 짧고 묵직한 유서다.

흔한 경우는 아니지만 꼭 자살이 아니더라도 사고로 인해 눈앞에 죽음을 마주하고 가족들에게 유서를 남긴 경우도 있다.

지은아 현식아

아빠가 결국에는 이렇게

히말라야 한 산자락에서

이렇게 등반 중에 높은 산을 도전하다가

산과 같이 함께 여기서 잠들게 된다.

너희가 어린 나이에 성장하면서

얼마나 많은 어려움이 있겠느냐

그럴 때마다 얼마만큼

또 아빠를 원망할 것이고

또 진짜 괴로워하겠느냐

그래도 너희 항상 건강하게
씩씩하게 잘 자라길 바란다.
훗날 너희들이 성인이 됐을 때
어른이 됐을 때는
이 아빠의 이런 도전행위에 대해서
이해할 날이 있을 것이다.
그때까지 진짜
어머니 잘 모시고 잘 살길 바란다.

— 산악인 엄홍길의 유서

산악인으로 유명한 엄홍길 대장은 조난 당시 자신의 죽음을 직감하고, 마지막으로 가족들에게 하고 싶은 말을 적음으로써 유서를 대신했다. 이렇듯 죽음을 맞이하면서 쓰는 유서는 자기 삶과 스스로 소중하게 여기는 부분이 무엇인가에 따라 달라진다. 자기 삶을 후회하는 유서, 가족들에게 아쉬움을 전하는 유서, 혹은 홀가분하게 떠난다는 등으로 말이다.

우리는 지난 12주간의 여정을 통해 죽음을 미리 경험했고, 다시 태어나 새로운 삶을 살았으며, 자기 삶의 '봄·여름·가을·겨울'을 추억해 보고, 자신의 물건을 정리하는 등 삶 전체를 조망하는 작업을 했다. 이제는 실제로 다가올 자신의 죽음 앞에 마지막으로 전하고 싶은 말을 '유서'로 남기는 작업을 진행해 보도록 하겠다. 슬프거나 두려워할 필요는 없을 것이다. 우리는 이미 충분히 죽음을 대면했고, 그로 인해 삶을 더 소중하게 여기게 되었으니 말이다.

유 서

민법, 제1065조(유언의 보통방식) 유언의 방식은 자필증서, 녹음, 공정증서, 비밀
증서와 구수증서의 5종으로 한다.

제1066조(자필증서에 의한 유언)

① 자필증서에 의한 유언은 유언자가 그 전문과 연월일, 주소, 성명을 자서하
고 날인하여야 한다.

② 전항의 증서에 문자의 삽입, 삭제 또는 변경을 함에는 유언자가 이를 자서
하고 날인하여야 한다.

일시:　　　년　　　월　　　일

주소:

성명:　　　　　　　　　(서명)

구수증서 유언서

유언자 ㅇㅇ시 ㅇㅇ구 ㅇㅇ동 ㅇㅇ번지 ㅇㅇㅇ은 20년 월 일 유언자 본인 자택에서 다음과 같이 유언을 구술하다.

1. 가. 장남 ㅇㅇㅇ에게는 ㅇ소재 ㅇ대지 ㅇ평 건평 ㅇ평 거주가옥 ㅇ동을 상속한다.
   나. 2남 ㅇㅇㅇ에게는 ㅇ소재 대지 ㅇ평 위 지상건물 ㅇ동 건평 ㅇ평을 상속한다.
   다. 장녀 ㅇㅇㅇ에게는 주식 중 ㅇ 주식회사 및 ㅇ회사의 주식 ㅇ주를 상속한다.
   라. ㅇㅇㅇ에게는 ㅇ은행 예금 ㅇ원과 ㅇ은행 적금 ㅇ원을 상속한다.

2. 위 다. 라. 이외의 동산은 일단 장남 ㅇㅇㅇ에게 상속시키되 유언자의 처와 협의하여 나누어도 좋다.

3. 장남 ㅇㅇㅇ은 내가 사망 후 3남 ㅇㅇㅇ의 대학졸업 시까지 학자금을 부담하며 학업에 지장이 없도록 할 것.

4. 유언집행자로서 유언자의 동생인 ㅇㅇㅇ을 지정한다.

5. 장남, 2남, 장녀 등은 협조하여 어머니에게 효도를 다하며 형제간에 화목할 것.

위 취지의 유언자 구수를 증인 ㅇㅇㅇ가 필기한 후 유언자 및 다른 증인에게 낭독해 준 바 모두 필기가 정확함을 승인하였다.

작성일자: 20 년   월   일

유 언 자: (인)
주민번호:
필 기 자: (인)

주 소 : ㅇㅇ시 ㅇㅇ구 ㅇㅇ동 ㅇㅇ
직업 변호사 :
증 인
주 소 : ㅇㅇ시 ㅇㅇ구 ㅇㅇ동 ㅇㅇ
직업 회사원 :

The New LIFE - 인생 제 2막

'웰다잉을 위한 인생식당'은
나를 만나고 치유하며
내가 꿈꾸었던 제2의 삶을 시작합니다.

현재의 삶이 과거가 되고
현재를 살다보면 어느새
내가 말하던 미래가 현재가 되어 있습니다.
과거, 현재, 미래는 모두 나의 삶이자,
내가 살았던, 살고 있는, 살아야 할 인생입니다.

과거로부터 오는 후회
미래로부터 오는 불안이 아닌
현재를 사는 '나'를 시작합니다.

내가 진정으로 원하는 삶
내일 당장 '죽음'이 다가와도
감사할 수 있는 삶

내가 원하는
나만의 '삶'을 살아갑니다.

! 나를 기록하다

현재 나의 신상정보를 기록합니다.

이 름		생년월일	년 월 일
키/체중	종 교	혈액형	
출생지	현 주소		
이메일	본인 연락처		
가족관계	비상 연락처		

자기 소개서

! 나를 바라보다

내가 좋아하는 것, 내가 싫어하는 것, 나의 장점, 단점, 나의 현재 모습과 타인이 바라보는 나, 그리고 내가 원하는 나에 대하여 적어봅니다.

좋아하는 것		싫어하는 것	
나의 장점		나의 단점	
나의 현재 모습		타인이 바라보는 나	
내가 원하는 나의 모습			

! 나를 떠올리다

내 인생의 희로애락을 적어봅니다.

가장 기뻤을 때, 화가 났을 때, 그리고 슬펐던 일, 즐거웠던 기억을 떠올려 봅니다.

[기쁨]

[분노]

[슬픔]

[즐거움]

! 나를 기억하다

내가 살던 장소, 여행했던 장소, 기억에 남는 장소 등을 적어봅니다.

년도	장소	기억에 남는 이유

다시 가보고 싶은 장소

! 나를 그려보다

내가 꿈꾸던 나, 장래희망, 취미생활, 그리고 좌우명 등을 과거, 현재, 미래로 적어봅니다.

과거	좌우명
현재	**좌우명**
미래	좌우명

! 나를 돌아보다

나의 가족을 생각해봅니다.

나에게 가족은 어떤 의미이고 그들에게 나는 어떤 사람인지,

내가 떠나고 나서 그들에게 남겨주고 싶은 말을 적어봅니다.

	내가 생각하는 나의	그들이 생각하는 나는	남겨주고 싶은 말
어머니			
아버지			
배우자			
형제			
자녀			

! 나를 둘러보다

나의 주변인들을 떠올려 봅니다.

친구, 직장동료, 애인, 과거의 인연, 혹은 용서받거나 용서하고 싶은 사람들을 떠올려 봅니다.

떠오르는 사람	이유

용서받고 싶거나 용서하고 싶은 사람

! 나를 안아보다

나의 죽음에 찾아오신 분들에게 전하고 싶은 추도사와 나를 위한 추도문을 적어주실 분에게 글을 부탁해봅니다.

나의 추도사

추도사

추도인:

! 나를 응원하다

죽기 전에 해보고 싶은 나의 버킷리스트를 작성해봅니다.

실행한 목록은 실행여부에 날짜를 기록해보며 천천히 시간을 가지고 작성해 나갑니다.

NO.	내 용	실행여부
1		
2		
3		
4		
5		
6		
7		
8		
9		
10		
11		
12		
13		
14		
15		
16		
17		
18		
19		
20		

! 나를 위로하다

나에게 힘이 되었던 이야기, 힘이 되는 말들을 적어봅니다.

내게 힘이 되는 이야기

! 나를 알아보다

금융, 보험, 부동산, 빌려준 돈, 빌린 돈 등 나의 자산리스트를 작성해봅니다.

예금/적금/보험/증권/주식

금융기관	명의자/종목	계좌번호/증서번호

부동산

종류	명의자/지분	소재지

채권(빌려준 돈)

성명	대여금액	증빙서류	연락처

채무(빌린 돈)

채권자(기관)	채권(보증)금액/잔액	대출일	내용

기타 자산(물건)

성명	물건	내용	비고

! 나를 준비하다

건강기록, 연명치료, 장례방법 등 나의 죽음 앞에 기록을 남기며 죽음에 대한 현실적인 대비를 해봅니다.

건강기록

병명	치료(수술)내용	병원명	입원 및 치료 일자

장례방법

화장	□납골:	□자연장(바다/강/산/기타:　　　　　　　)
매장	□선산_장소:	
	□공원묘지_장소:	
기타의견		

장례식

□전통방식　　　□기독교식　　　□불교식　　　□천주교식　　　□기타:

장례 치를 때 필요한 연락처(상조회사, 보험회사 등)

! 나와 함께하다

나의 슬픈 일, 기쁜 일을 함께 나누는 사람들을 적어봅니다.

NO	이 름	연락처	NO	이 름	연락처
1			26		
2			27		
3			28		
4			29		
5			30		
6			31		
7			32		
8			33		
9			34		
10			35		
11			36		
12			37		
13			38		
14			39		
15			40		
16			41		
17			42		
18			43		
19			44		
20			45		
21			46		
22			47		
23			48		
24			49		
25			50		

저자약력

선원필

한국공연예술치료협회 대표
연극치료 임상감독자 및 슈퍼바이저, 사이코드라마 디렉터

[경력]
국립서울병원 발달장애교육치료학회 총무이사
대한통합의학교육협회 이사
한국사진치료학회 이사
원광예술치료공연단 단장
극단 라컴퍼니 예술감독

[자격]
연극치료사 임상감독자
심리상담사1급
예술치료사1급
미국공인최면상담사
요가지도자TTC

[저서]
사이코드라마의 실제-한국공연예술치료협회
(공저)교육과 치유 사이에서의 교육연극-한국공연예술치료협회
(공저)강강술래 치유프로그램 실천기술론-땅끝문화
(공저)한국비영리조직의 생동과 성공-불휘미디어
(공저)예술치료-박영스토리
연극치료의 이해와 적용-박영스토리
힐링 사이코드라마-박영스토리

[출강]
미국 ACADCI COLLAGE 중독상담학과 초빙교수
원광대학교, 동덕여자대학교, 추계예술대학교 강사

[방송]
KBS 제보자들 <나는 고립을 선택했다>, SBS 스페셜 <은둔형 외톨이>, TV조선 시그널 <매 맞는 남편>, KBS1 동행 <17년 만의 재회>, KBS2 속보이는TV <세월호의 의인>, <폭군이 된 아들>, MBC 생방송 오늘 아침 <위기의 가족, 화해의 기술>, MBC 즐거운 문화 읽기 <마음에서 몸짓으로>, MBC 특집다큐멘터리 <아름다운 도전>, KBS 비타민 <정신건강특집>, K-TV <장애인과 함께하는 예술치료>, 파이플 <지쳐있는 나를 위한 치유여행-연극치료>, 폴리피플 <특별초대석-예술치료>

웰다잉 인생식당

초판발행	2023년 6월 5일
지은이	선원필
펴낸이	노 현
편 집	김민조
표지디자인	이영경
제 작	고철민·조영환
펴낸곳	㈜ 피와이메이트
	서울특별시 금천구 가산디지털2로 53, 210호(가산동, 한라시그마밸리)
	등록 2014. 2. 12. 제2018-000080호
전 화	02)733-6771
f a x	02)736-4818
e-mail	pys@pybook.co.kr
homepage	www.pybook.co.kr
ISBN	979-11-6519-412-3 93180

* 파본은 구입하신 곳에서 교환해 드립니다. 본서의 무단복제행위를 금합니다.

정 가   15,000원

박영스토리는 박영사와 함께하는 브랜드입니다.